中华美德校本教材

秋雨 天雨 编著

德育必读

每日一句

旭宇题

中国言实出版社

图书在版编目（ＣＩＰ）数据

德育必读，每日一句 / 秋雨，天雨编著. -- 北京 ：
中国言实出版社, 2015.10
　　ISBN 978-7-5171-1589-2

　　Ⅰ．①德… Ⅱ．①秋… ②天… Ⅲ．①德育－中国－
青年读物 Ⅳ．①G41-49

　　中国版本图书馆 CIP 数据核字(2015)第 247491 号

责任编辑：张志华

出版发行 中国言实出版社
　　　地　　址：北京市朝阳区北苑路 180 号加利大厦 5 号楼 105 室
　　　邮　　编：100101
　　　编辑部：北京市西城区百万庄大街甲 16 号五层
　　　邮　　编：100037
　　　电　　话：64924853（总编室）64924716（发行部）
　　　网　　址：www.zgyscbs.cn
　　　E-mail：zgyscbs@263.net
经　　销 新华书店
印　　刷 北京市庆全新光印刷有限公司
版　　次 2015 年 10 月第 1 版　　2015 年 10 月第 1 次印刷
规　　格 210 毫米×285 毫米　1/32　6.00 印张
字　　数 40 千字
定　　价 40.00 元　ISBN 978-7-5171-1589-2

栋莫如德

罗 杨

古人讲："人皆可以为尧舜。"即人人都可以通过修义养德而成为国家的栋梁。

中华五千年文明孕育了中国人高贵的道德品质，中国历史上的诸子百家为我们留下了很多美好的道德观念和道德实践，比如"富贵不能淫，威武不能屈，贫贱不能移"的人格修为；"先天下之忧而忧，后天下之乐而乐"的家国情怀，"为天地立心、为生民立命、为往圣继绝学、为万世开太平"的人生境界，这些闪光的品质使得一代代中华仁人志士能够以天下为己任、公而忘私；能够推己及人、救人危难；能够自力更生、艰苦奋斗；能够前仆后继、百折不挠；能够鞠躬尽瘁、死而后已；能够舍生取义、杀身成仁。这些正能量超越了时空，以潜移默化的感染力告诉了我们该如何对待他人，如何对待国家和社会，如何维系社会的公共生活，在中华民族的发展过程中塑造着我们的民族精神、价值观念、思维方式、人文素养和文明风尚，不但鼓舞了我们的内心，更照亮了世界的现实。

道德的力量不会凭空产生。人性中有一些动机会促使人向恶，也有一些动力会促使人为善，而哪些力量会发挥作用，常取决于环境因素的触发和从小的品德教育。卢梭在《爱弥儿》中说过："我们栽培草木，使它长成一定的样子，我们教育人，使他具有一定的才能。我们生来是软弱的，所以我们需要力量；我们生来是愚昧的，所以需要判断的能力。"十年树木，百年树人。可以说，对人品德的培养，是对人的培养中最具有价值、也是最任重而道远的部分。宋代政治家、文学家司马光曾在《资治通鉴》中说："才者，德之资也；德者，为之帅也。才德全尽谓之'圣人'，才德兼亡谓之'愚人'。德胜才谓之'君子'，才胜德谓之'小人'，凡取人之术，苟不得圣人，君子而与之，与其得小人，不若得愚人。何则？君子挟才以为善，小人挟才以为恶。挟才以为善者，恶亦无不至矣。"说的就是圣人、君子能够挟才为善，为别人办好事，而小人挟才为恶，危害性要比愚人还要大得多。所以，在人才的培养中最首要的就是让学生树立正确的人生观，拥有高尚的人格。只有做到了这一点，我们的教育才能培养出有理想、有担当、有智慧、有能力、有高尚品德的接班人，而不是钱理群先生所说的"精致的利己主义者"和"有毒的罂粟花"。一个富强、民主、文明、和谐、自由、平等、公正、法治的中国，需要依靠爱国、敬业、诚信、友善的人来建设，而这样的人一定是怀揣着道德情怀、道德理想的人，一定是继承了中华民族传统高贵品德的人，一定是珍惜、呵护、传播文明的火种，能够分清什么是召唤和指引，什么是引诱与陷阱的人，只有这样的人，才能在文明受到践踏、崇高遭遇鄙夷的时候敢于担当、有所作为，才能在国家有难、民族存亡关键时刻，挺身而出、保家卫国。

这本由90后在校学生秋雨、天雨编著的《德育必读》选取了中国传统思想文化中的精华，以书法的形式生动的呈现，让青少年在中华传统文化之美中领悟中华传统文化之魂；以深入浅出的讲解，让青少年懂得什么是我们中华民族薪火相传的"仁、义、礼、智、信"；以"每日一句"的方式，让青少年从小就站在巨人的肩膀上，渐进一种高远辽阔的人生境界。爱因斯坦早就说过："学校的目标应该始终是：青年人在离开学校时，是作为一个和谐的人，而不是作为一个专家。"道德并不是一种高调的宣传，也不是一种抽象的思辨，它是一种需要人们提升心性与修养方可成就的境界；是一种需要人们辨别是非、去伪存真方可获得的智慧，是一种需要人们甘于放下小我，将心比心方可拥有的善良，是一种需要人们敢于承担责任、披肝沥胆方可达到的勇气。当一个人、一个民族有了这样的境界、智慧、善良和勇气，必将屹立不倒，成为国家的栋梁和世界的强者。

在此书出版之际，我们应该感谢另一位80后年轻企业家，那就是中国亲和力教育集团董事长杨建潭，他是做企业的，企业追求的是产品的市场价格，但是他懂得文化素养和人的道德品质的关系，因此，他敬畏文化，从而追求人格的精神价值。他知道一个民族最大的资源是文化，物质的资源是有限的，而文化的影响是无限的。他说："人生取得一定的成就之后，就会更多的思考人活着的使命和自身的价值，会想要做一辈子都愿意做而且不后悔，对人类、对社会、对地球有贡献的事情，而我就是在思考这个问题的时候找到了我的目标，创办传承中华民族优秀传统文化的中国游学会。"

正如一位哲人所说："少年强则中国强。"不积跬步，无以至千里；不积小流，无以成江河。我相信一颗健壮的内心，一个健康的人，一个健全的社会必将在这"每日一句"的一点一滴中离我们越来越近。

中国民间文艺家协会分党组书记、驻会副主席、秘书长

中国文联主席团委员

全国政协常委

武警部队原司令员

上将警衔

中国长城书画家协会会长

吴双战

培养好少年儿童是一项战略任务事关长远

录习主席语

吴双战书

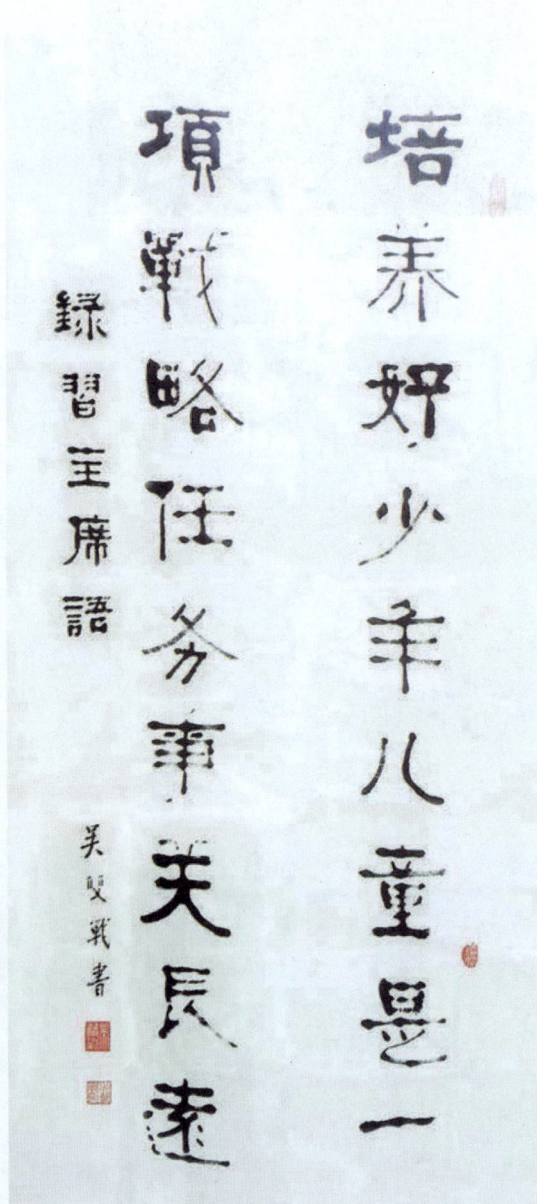

吴双战上将　题词

培养好少年儿童是一项战略任务，事关长远。

录习主席语

中国国情调查委员会常务主任
中国国际慈善基金会会长
全国道德文化公益联盟主席
胡石英

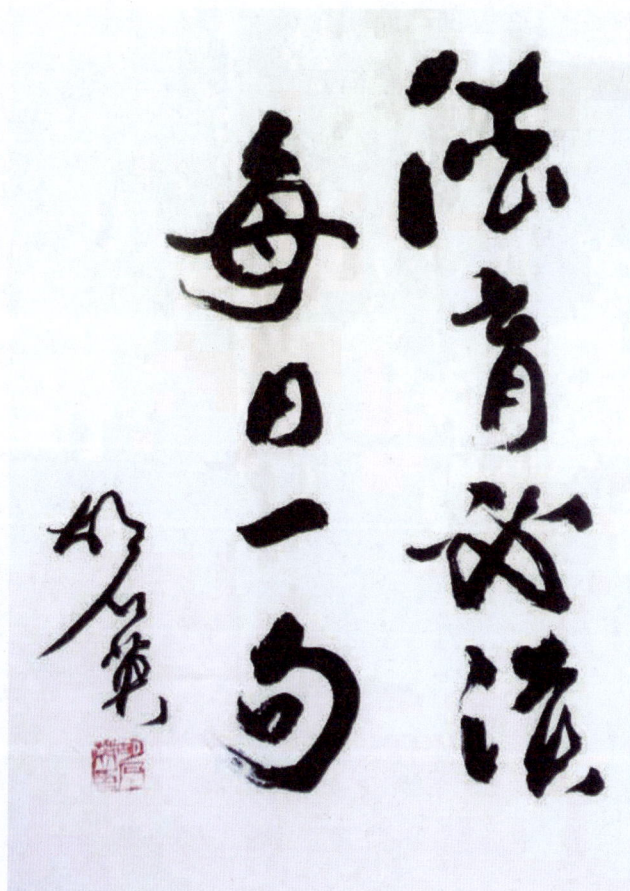

胡石英　题字

德育必读，每日一句。

中共第十六届中央委员

第十一届全国政协常务委员

　李栋恒　中将

德育必读

每日一句

李栋恒

李栋恒中将　题字

《德育必读》每日一句

全国政协副秘书长

全国政协第六、八、九、十届委员

中共十四大代表 张道诚

要做一個好人，就要有品德，有知識，有責任，要堅持品德為先

秋雨天雨編寫德育讀本可喜可賀，今奉習近平同志語錄以賀

乙未秋道誠書

張道诚　题词

要做一个好人，就要有品德、有知识、有责任，要坚持品德为先。

秋雨、天雨编写德育读本可喜可贺，今奉习近平同志语录以贺。

中国文联原党组书记 胡振民 题词

弘扬传统美德，振奋民族精神。

祝贺《德育必读》出版发行。

中国书法家协会副主席
中国艺术研究院硕士生导师
博士生导师 胡亢美

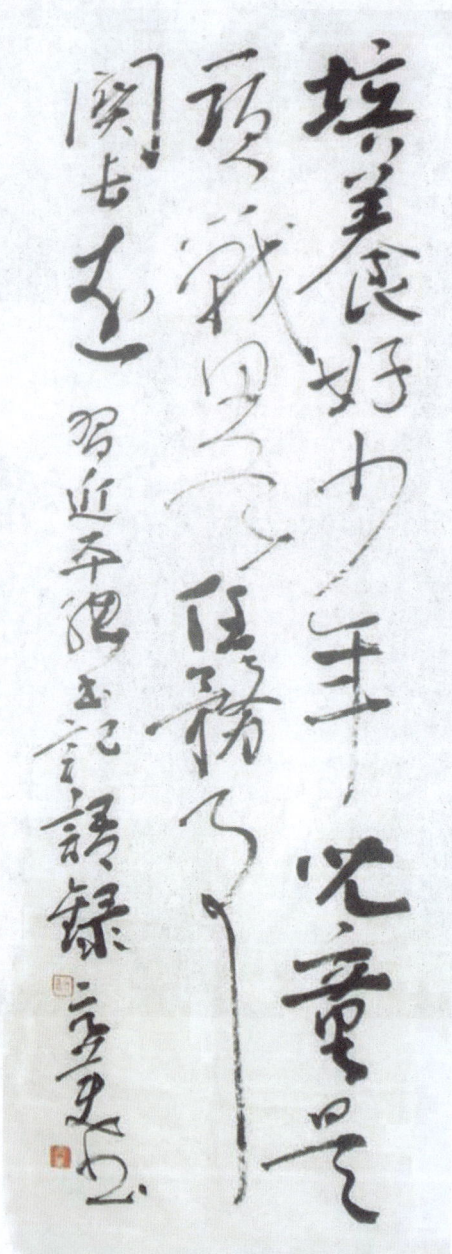

胡亢美　题词

培养好少年儿童是一项战略任务，事关长远。

习近平总书记语录

中国书协理事、著名书法家 杨明臣老师　题字

品德教育成人之基，立业之本。

题秋雨、天雨《德育必读》。

著名青年书法家 徐右冰老师 题词

要从小学习立志，志向是人生的航标。

敬录习总书记语。

美育必读

乙未秋月伯平题

正德厚生
臻于至善

秋雨教育必读付梓致贺
乙未俊京书政

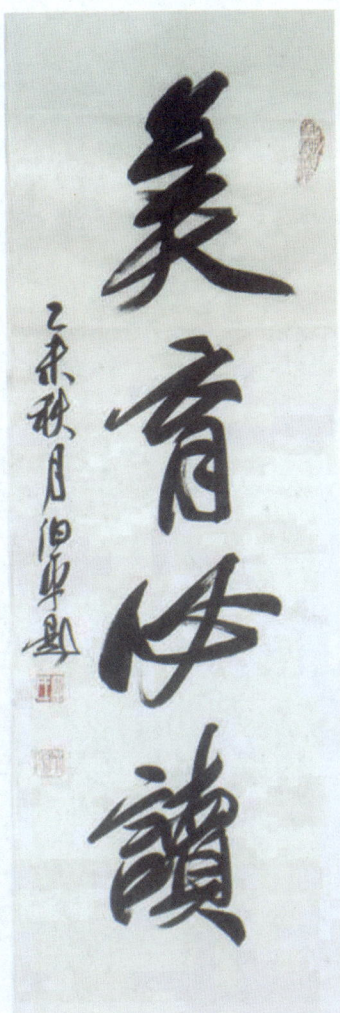

北京书法家协会驻会副主席兼秘书长
田伯平　题词
美育必读。

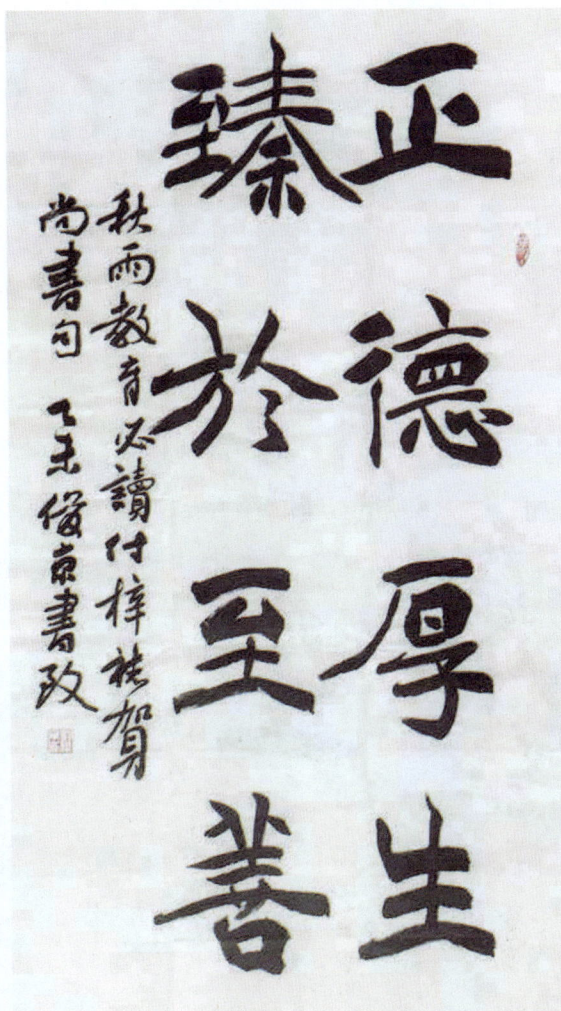

中国书法家协会理事
北京书法家协会副主席
　　刘俊京　题词
正德厚生，臻于至善。
秋雨教育必读付梓致贺。

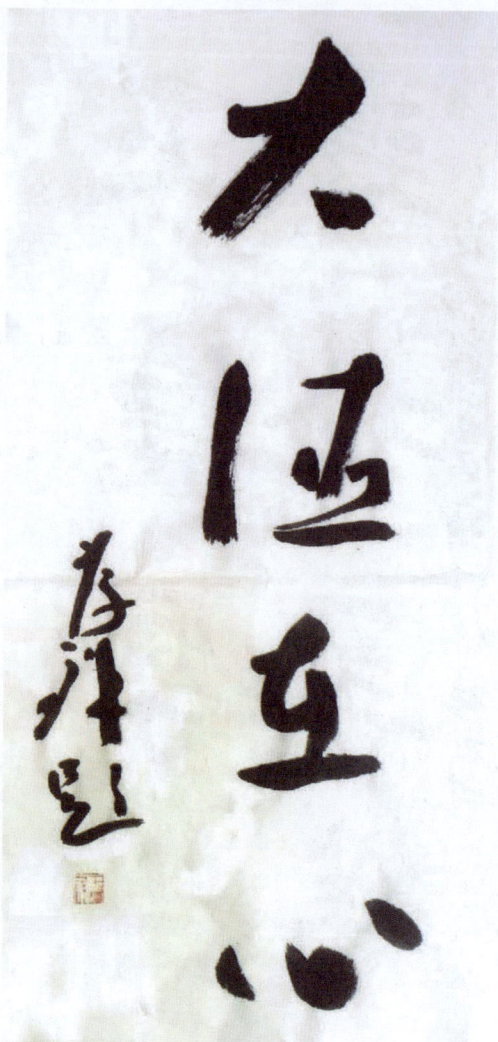

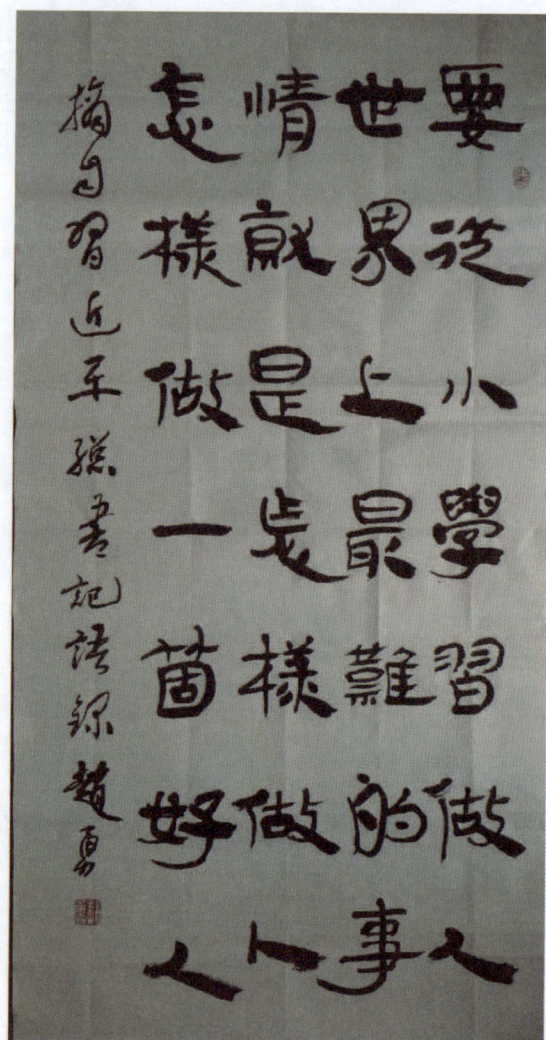

廊坊市书法家协会副主席
王厚祥　题词
大德在心。

中韩书画家联谊会会长
赵勇　　题词

九三阅兵式受阅抗战老兵张舞原同志　题词

要从小学习立志，志向是人生得航标

张继

中国书法家协会理事

中国美术馆书法专家委员会委员

中国军事博物馆书画研究院副院长

中国书法家协会隶书专业委员会副主任

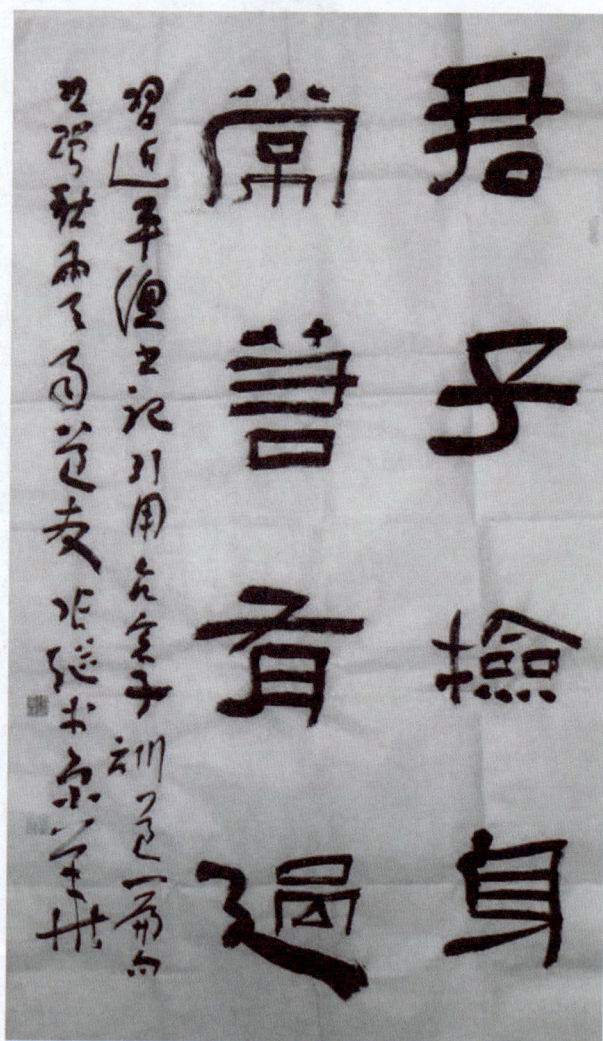

君子检身，常若有过

习总书记引用亢仓子·训道篇句

书赠秋雨、天雨道友，张继于京华

德育必读　每日一句

　　本书是遵照习总书记在会见中国先锋队第七次全国代表大会代表时寄语全国各族少年儿童时指示"要从小学习做人，世界上最难的事情，就是怎样做人、怎样做一个好人。要做一个好人，就要有品德、有知识、有责任，要坚持品德为先。你们现在都是小树苗，品德的养成需要丰富的营养、肥沃的土壤，这样才能茁壮成长。现在把自己的品德培养得越好，将来人就能做得越好。要学会做人的准则，就要学习和传承中华民族传统美德，学习和弘扬社会主义新风尚，热爱生活，懂得感恩，与人为善，明礼诚信，争当学习和实践社会主义核心价值观的小模范。"习主席还要求我们，"要从小学习立志，志向是人生的航标。一个人要做出一番成就，就要有自己的志向。一个人可以有很多志向，但人生最重要的志向应该同祖国和人民联系在一起，这是人们各种具体志向的底盘，也是人生的脊梁。你们要注意培养追求真理、报效祖国的志向，爱祖国、爱人民、爱劳动、爱科学、爱社会主义，时刻把祖国和人民放在心中，从小听党的话、跟着党走，努力做祖国和人民需要的好孩子，做祖国和人民事业发展的接班人。"习主席还说"培养好少年儿童是一项战略任务，事关长远。"并指示"每一位家长、每一个成年人都要为孩子们做出榜样。"我们遵照习主席的要求编写的这本德育教材，献给中国儿童和家长。不妥之处在所难免，谨请阅读者指教。

目录

毛泽东同志的一句名言：

体者，载知识之车而寓道德之舍也。

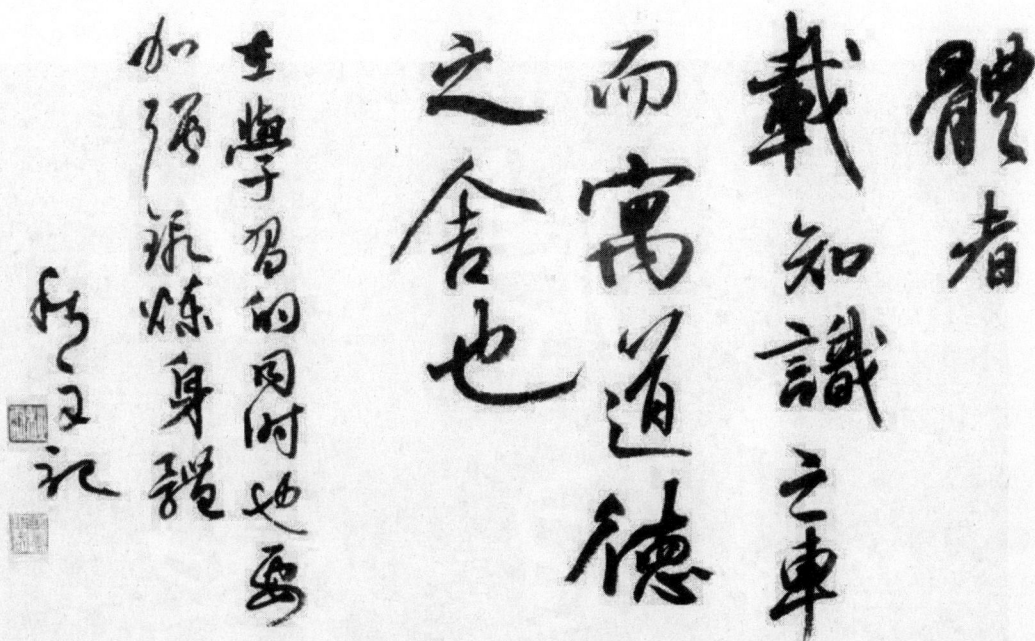

　　毛泽东同志说：身体就像车一样，承载着知识，像房子一样保存着道德。把知识和道德紧紧地结合在一起，并在《体育之研究》中批评教育内容"密如牛毛"，是在"蹂躏其力而残贼其生"，对儿童上小学"宜专注重于身体之发育，而知识之增进，道德之养成次之"的论断今天听起来还动人心肺，真知灼见，对教育子女和学生，堪为珍宝。学生首先把身体锻炼好，小学生书包减负，不留作业，抓紧素质教育，勿让道德之舍空虚，车上的知识匮乏。

习近平总书记的一句话：

以学益智，以学修身。

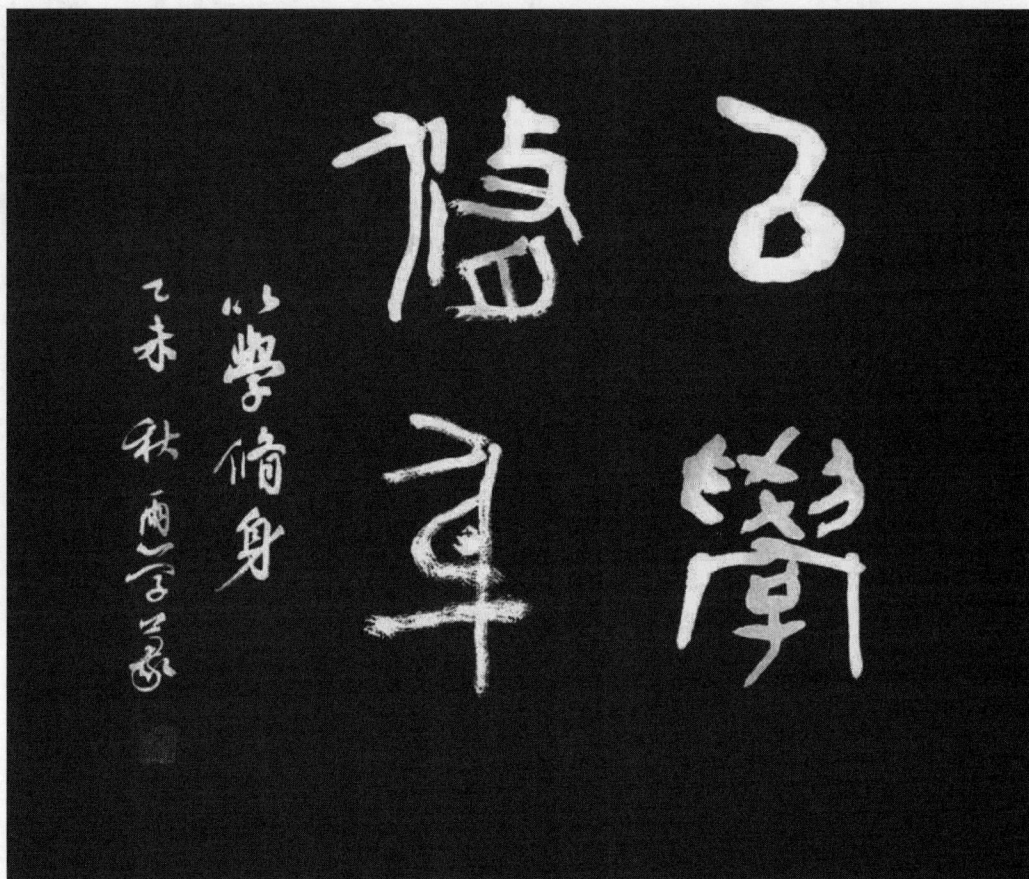

　　学习可以开发智力，学习可以改造自己，修养身心，树立远大的志向。

　　习总书记要求"党员干部特别是领导干部，务必把加强道德修养作为十分重要的人生必修课。"学以励志，学以立德，严以修身，遵纪守法，不碰底线，正确地运用学到的知识，这也是我们学生的学习目标。

习近平总书记的一句名言：

空谈误国，实干兴邦。

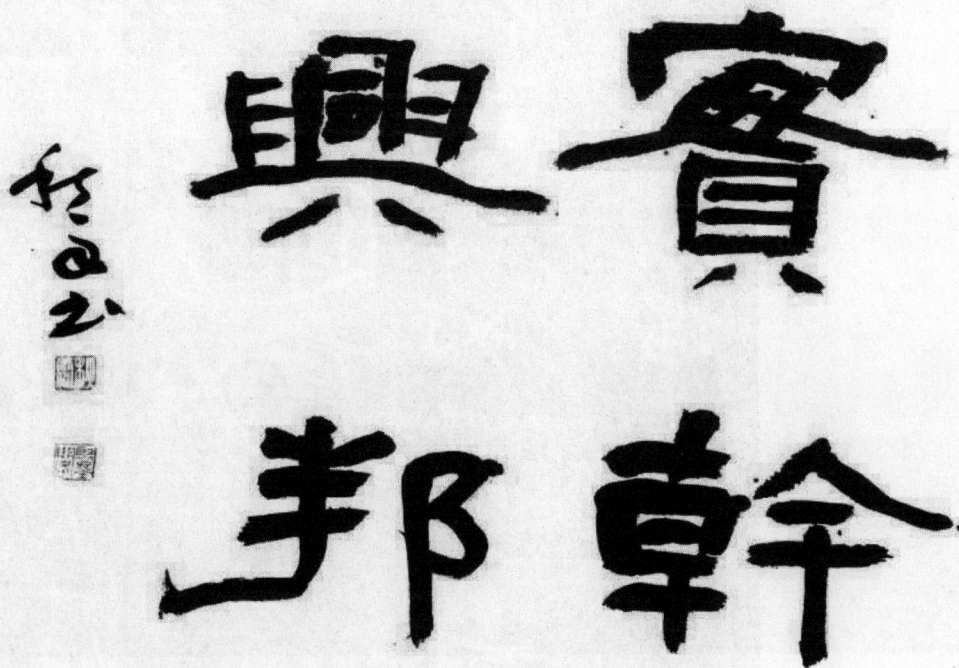

　　这八个字是对中国几千年治国理政历史经验的总结。要在 13 亿人的大国实现民族复兴，这在人类发展史上还从来没有过。如何承前启后，继往开来，就需要实干，埋头苦干。习总书记说："道路决定命运，找到一条正确的道路多么不容易，我们必须坚定不移走下去。"完成复兴伟业，实现中国梦，全靠真正的实干。否则就会损害党的威信，贻误事业发展。

　　十八大会议后，"空谈误国，实干兴邦"这句话，成为国人谈论最多的话题，凝聚着治国安邦的良策。

习近平总书记的一句话：

　　把学习作为一种追求，一种爱好，一种健康的生活方式，做到好学乐学。

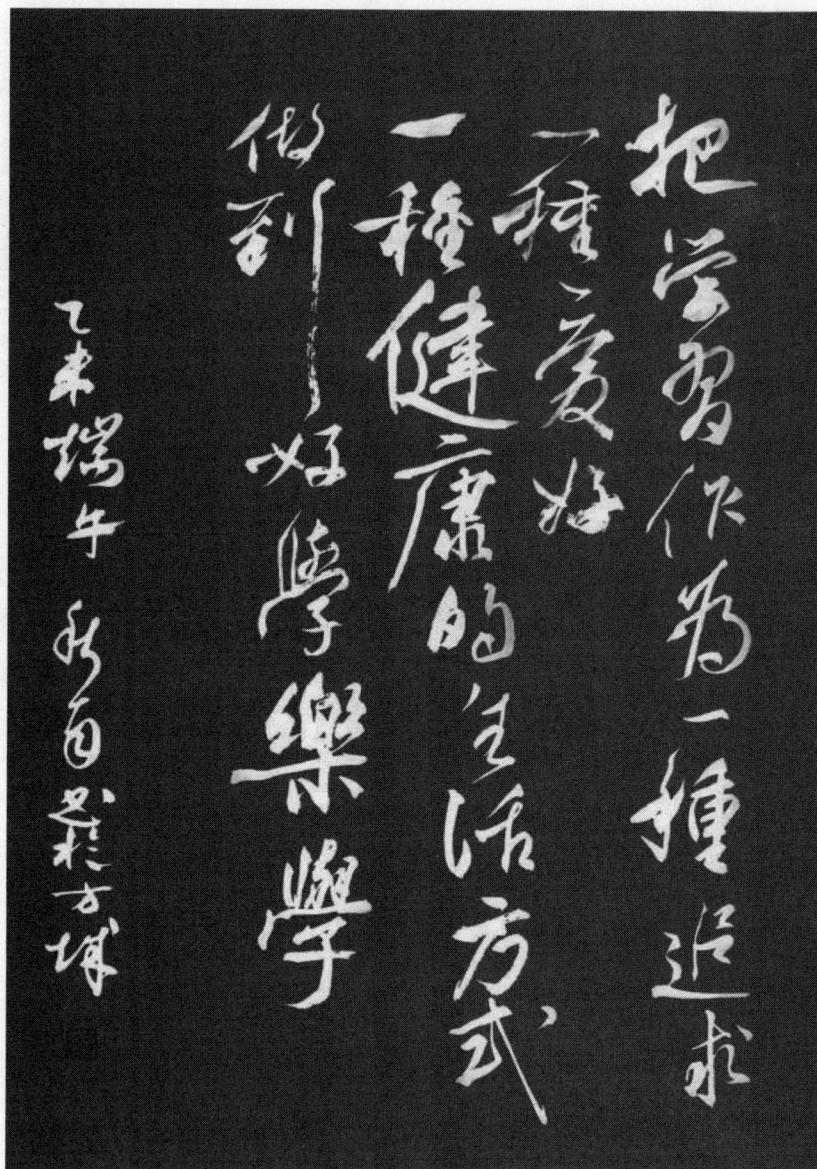

　　这是习总书记对国人的要求，也是爱护和希望。

宋纁《药言剩稿》中的一句：

君子之为学也，将以成身而备天下国家之用也。

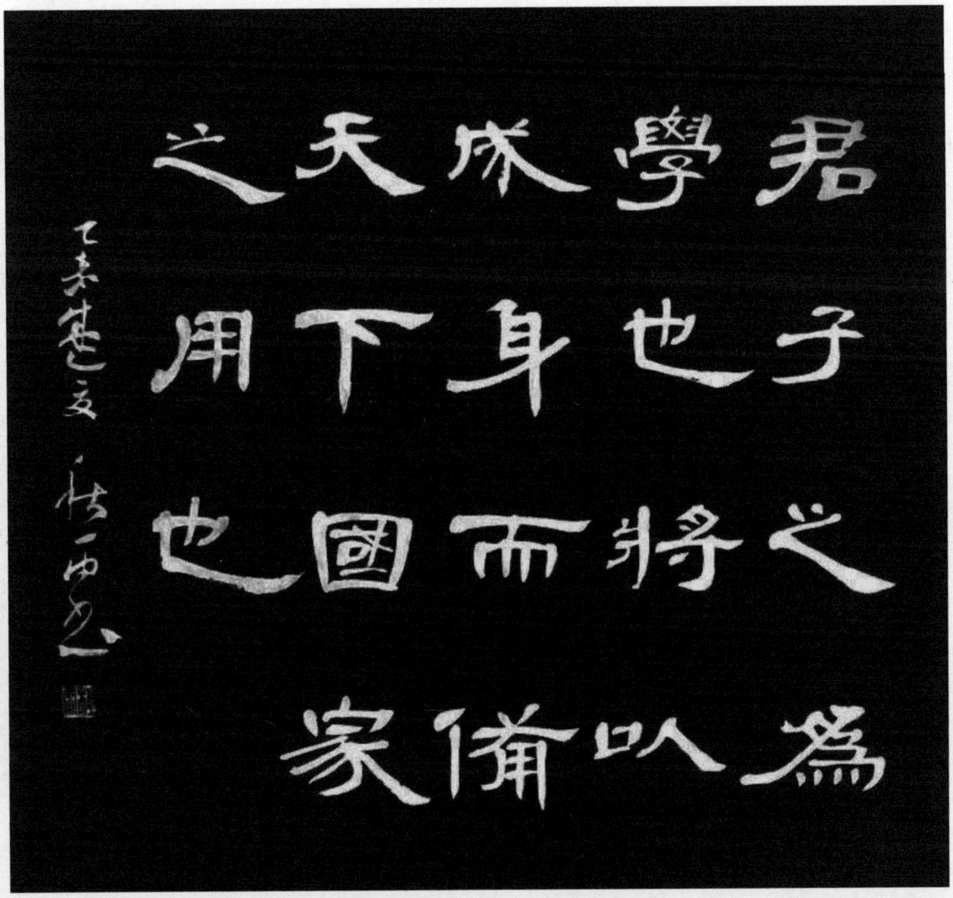

这句话的大意是说学习知识念书，应该是以天下兴亡为己任，以治国安民，经邦济世为旨归，这才是读书写字的最高境界。

宋纁是明朝的重臣，官做得很大，在吏部、户部、礼部都当过尚书，去世后皇上还追封他为太子太保、荣禄大夫，光耀之至。他是个大政治家，反对铺张浪费、提倡救难赈灾，深得民心。他为什么能有这么高的声望呢？我认为就是因为他有一颗一心为国为人的心，把自己和人民紧紧地联系在了一起。得人心者得天下，为民保国作重臣，是成就事业的自然规律。

教育家陶行知的一句名言：

　　因为道德是做人的根本，根本一坏，纵然你有一些学问和本领，也无甚用处。

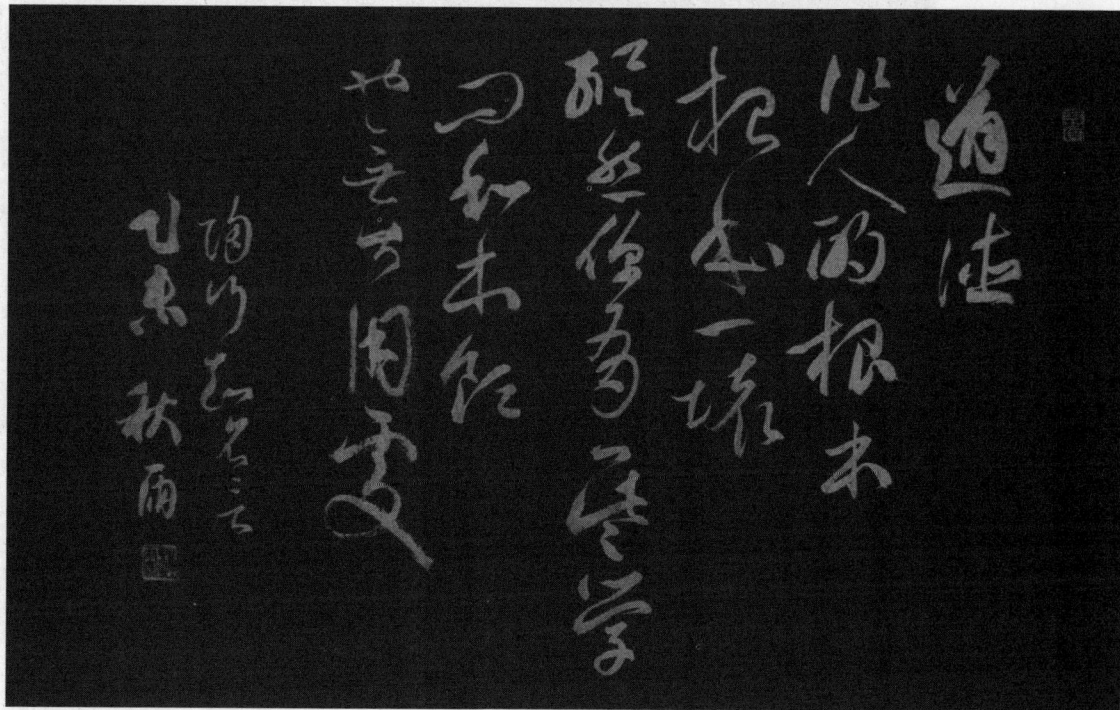

　　陶行知是伟大的民主主义战士，爱国者，是中国人民救国会和中国民主同盟的主要领导人之一。他也是中国人民教育家、思想家，他提出"社会即学校"，"生活即教育""教、学、做合一"三大主张。生活教育理论是他教育思想的理论核心。他著的《中国教育改造》一书阐述的观点和事实，经过七十多年的考验，不仅有很高的学术价值，还有很强的现实意义。我们读了这句名言，顿觉加强道德教育的重要，德教塑造心灵，失去了德教，就如同航船失去了方向。

于谦的一句话：

富贵倘来君莫问，丹心报国是男儿。

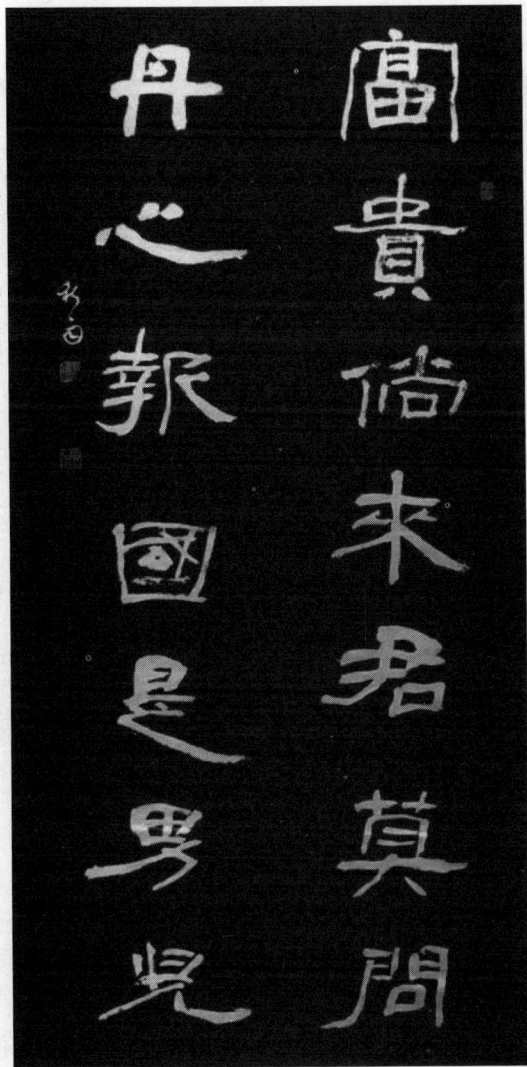

于谦是明中叶的民族英雄。在明英宗被瓦剌军俘虏，瓦剌兵临北京城下，以英宗为筹码要挟城中投降的时刻，于谦不顾卷入皇室内部矛盾会给自己带来弥天大祸，毅然拥立景帝，打退了瓦剌侵略军。后来英宗复辟，不顾民情和朝中正直大臣的反对，向于谦报复，将他判处死刑。这引起人们的强烈不满，人们把于谦的遗体运到杭州西湖边安葬，让他的英灵与南宋的民族英雄岳飞为伴。于谦真正做到了不求富贵，只求忠心报国。

　　于谦一生中留下的诗句不多，其中著名的如《石灰吟》，"千锤万击出深山，烈火焚烧若等闲。粉骨碎身浑不怕，要留清白在人间。"这首诗是他十七岁时所作，大概就是我们读高中的年纪，可谓是少年立志，通过诗句抒发自己的理想与抱负，也就是古人说的以诗言志。

　　我也在学习写诗，学习古人诗句中蕴含的道理和精神，树立自己的志向，报效祖国，做一个有文化素养，有高尚品德的人。

著名思想家顾炎武的一句名言：

天下兴亡，匹夫有责。

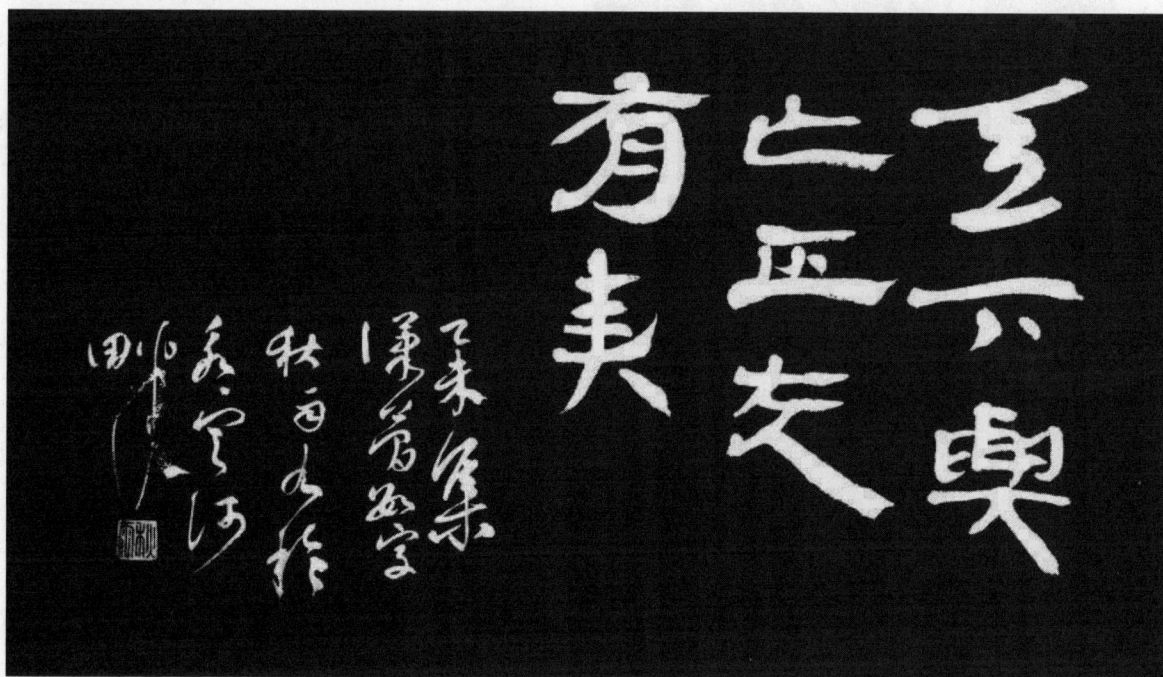

　　这句话的意思是说天下兴盛、灭亡，不光是当权人的事，老百姓都有义不容辞的责任，这是号召人民关心国家大事。

　　顾炎武是明末清初著名的思想家、学者，平生不做无益之文，主张"文不苟作""须有益于天下"，治学强调"经世致用"，反对空谈，注重实地考察。他一生著述颇丰，代表作《日知录》系统阐述了他的哲学、政治、经济学等方面的观点。

　　"天下兴亡，匹夫有责"这句话，在人们的心目中很有地位，尤其是受到外来的侵略时，揭竿而起的抗日队伍，敢于战斗，不怕牺牲，把救亡运动推向了高潮。和平时期，实现中国梦，我们也有责任，也要有担当，不能空谈，也要实干，从上到下万众一心，把党的要求落到实处。

章炳麟的一句名言：

道德衰亡，诚亡国灭种之根基。

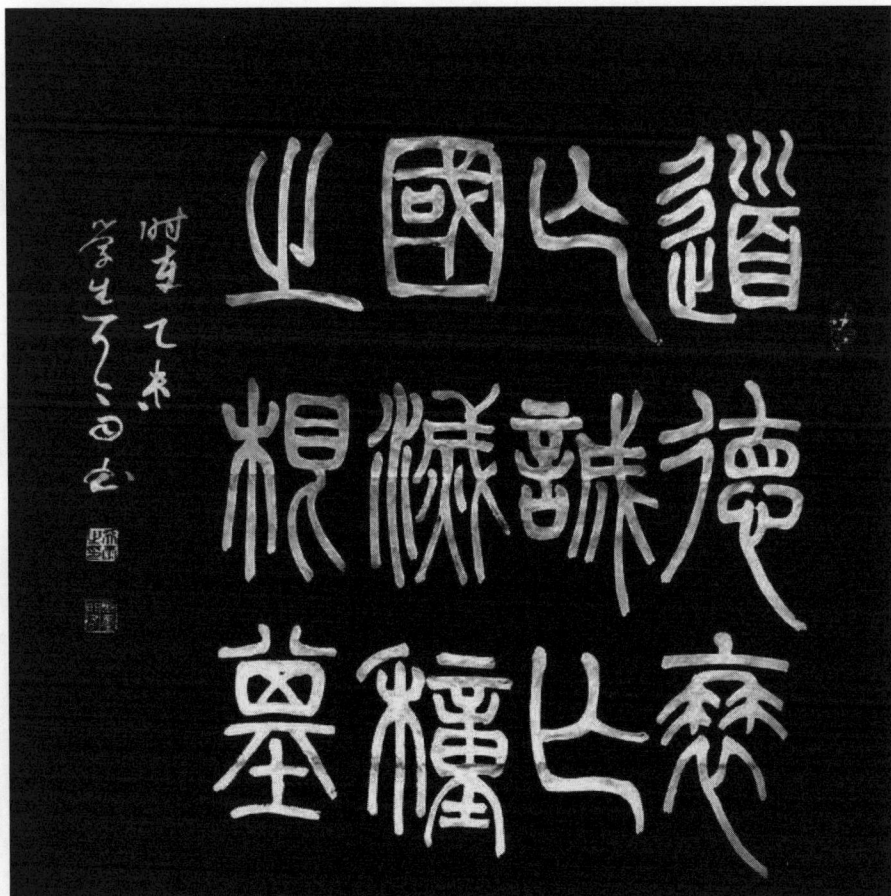

　　这句话的意思是说一个国家不讲道德或道德缺失，实在是亡国灭种的根本问题。

　　章炳麟原名章太炎，清末民初思想家、史学家、国学大师、著名学者，著述甚丰。他深知一个家庭如不讲德育，不知道什么是道德，他们的子女会是什么样，会不会做出违背公共道德的事，或违法的事，其后果会是什么样呢？早晚亡家是必然的。一个国家人人不讲道德，必招致内乱，互相残杀，对外招致世界人民的反对，无可置疑，肯定会走上灭亡的路。今天学习这句名言更觉得德育的重要，诚如习主席所讲"现在把自己的品德培养得越好，将来人就能做得越好。要学会做人的准则，就要学习和传承中华民族传统美德。"不让道德在中国衰亡，保护根基牢固是我们义不容辞的责任。

范晔《后汉书崔实列传》中的一句：

德教者，兴平之粱肉也。

　　这句话的大意是以德教育人，如同国家兴盛太平之时吃精美的食物。

　　范晔是一位生性孤傲，一生著述颇丰的史学家。他著的《后汉书》成为现在研究东汉历史最基本的依据，他是在正史中第一个专为妇女作传的史学家，《列女传》堪为引人注目。

　　《后汉书·崔瑗传》中有"盖为国之法，有似理身，平则致养，疾则改焉。夫刑罚者，治乱之药石也；德教者，兴平之粱肉也。"把治国方法比喻成养护身体，平时注意营养保护，有病则使用药物进行治疗，刑罚是治理乱世的药物，德教是治理太平盛世的美味佳肴。我们国家现在重视德育的培养，正是非常得人心的治国良策。

于谦《无题》诗中的一句话：

名节重泰山，利欲轻鸿毛。

《无题》

名节重泰山，
利欲轻鸿毛。
所以古志士，
终身甘缊袍。
胡椒八百斗，
千载遗腥操。
一钱付江水，
死后有余衰。
苟图身富贵，
朘剥民脂膏。
国法纵未及，
公论安所逃。

这句话的意思是：把好的名声和民族气节看得比泰山还重，把个人利益看得比大雁的羽毛还轻。

在国家危难之时，于谦为首的抗战派担负起保卫京城的重任，他临危不屈，坚持民族气节的行为，本身就是这句话的最好体现。

他一生为国家着想，忧国忘身，自奉俭约，居住的房子仅蔽风雨，家里没有多余的钱财，始终保持着两袖清风的廉洁作风，为人刚直忠厚，为百姓谋利造福。他死后，人民为了怀念和赞颂他的功绩，为他建立了祠堂。

司马迁曾说过："人固有一死，或重于泰山，或轻于鸿毛。"于谦化用了这句话，并以实际行动诠释。所以这句话成为千古名言，广为流传。

陈恭尹《拟古》诗中的一句话：

丈夫不报国，终为愚贱人。

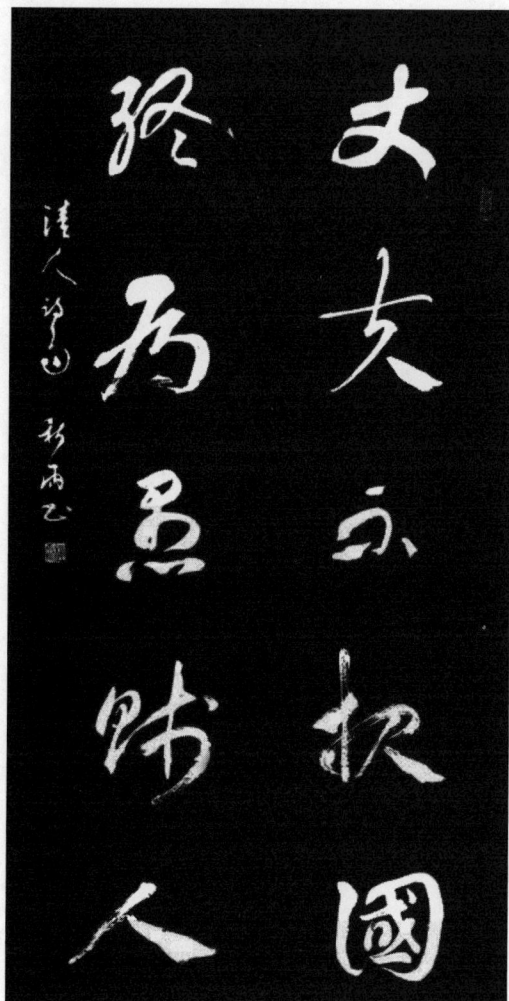

　　这首诗的全文是"猛士不带剑，威武岂得伸？丈夫不报国，终为愚贱人。"意思是说一个人如果没有为国为民的崇高理想，终将成为碌碌无为的人。

　　存爱国之心，立为民之志。在战争时期，无数英雄儿女都怀着这种崇高的思想，不怕为国捐躯，虽死犹生，值得人敬仰和怀念。在如今的盛世，和谐社会，我们怎么做才能不为愚贱人呢？我想就是应该落实和谐价值观，首先爱国需敬业，各行各业做好自己的本职工作，学生锻炼好身体，修养好品德，学好知识，做诚信文明的人，为实现中国梦从自己做起，从小事做起。

楼钥的一句名言：

一身忧国心，千古敢言气。

——楼钥

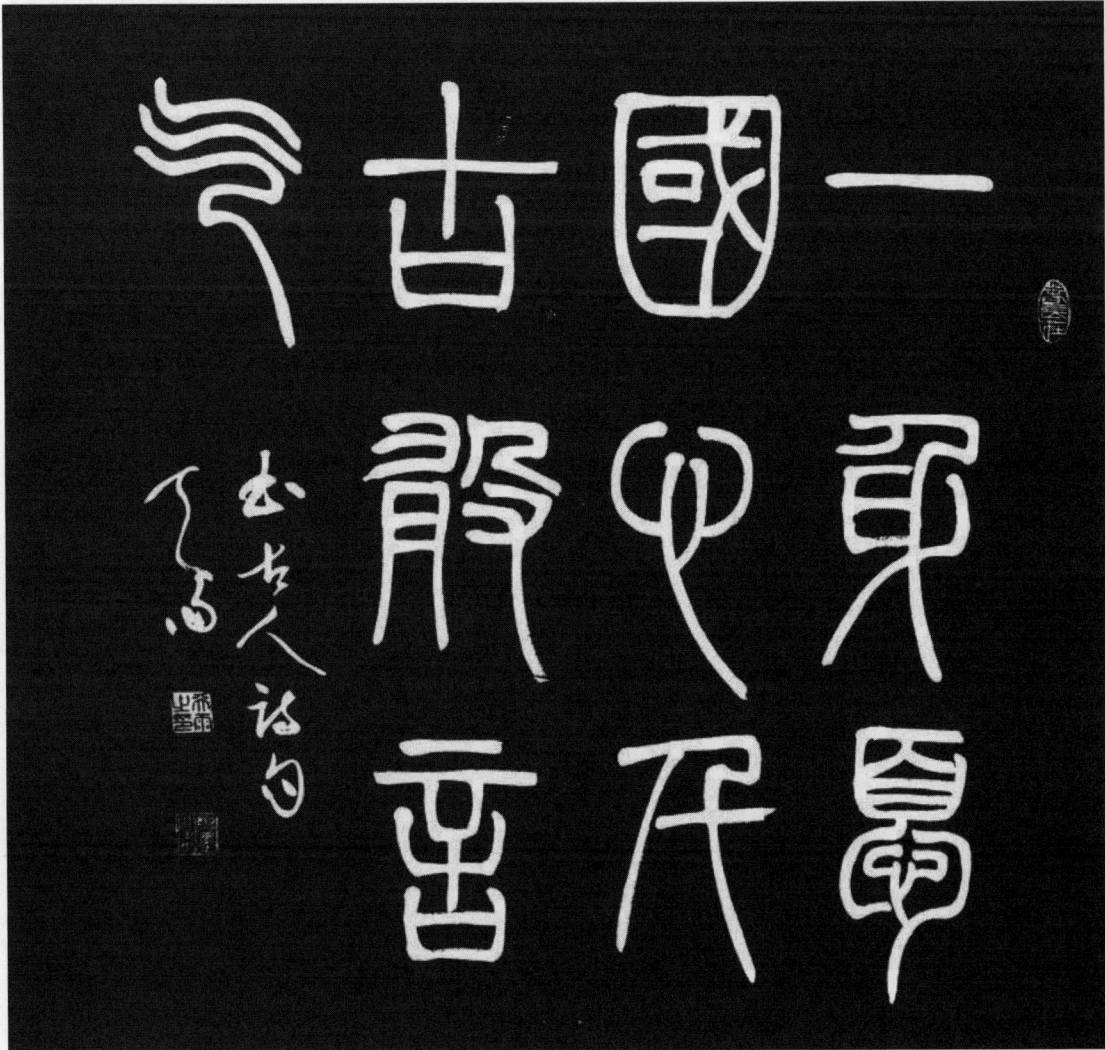

一生怀有忧国之心，永远保持敢说真话的正气。

楼钥是南宋政治家、诗人。为人耿直，遇事敢言，敢于顶撞权臣，甚至向皇帝上奏也无所讳避，正由于他有忧国爱民之心，所以能一身正气。

范仲淹的一句名言：

先天下之忧而忧，后天下之乐而乐。

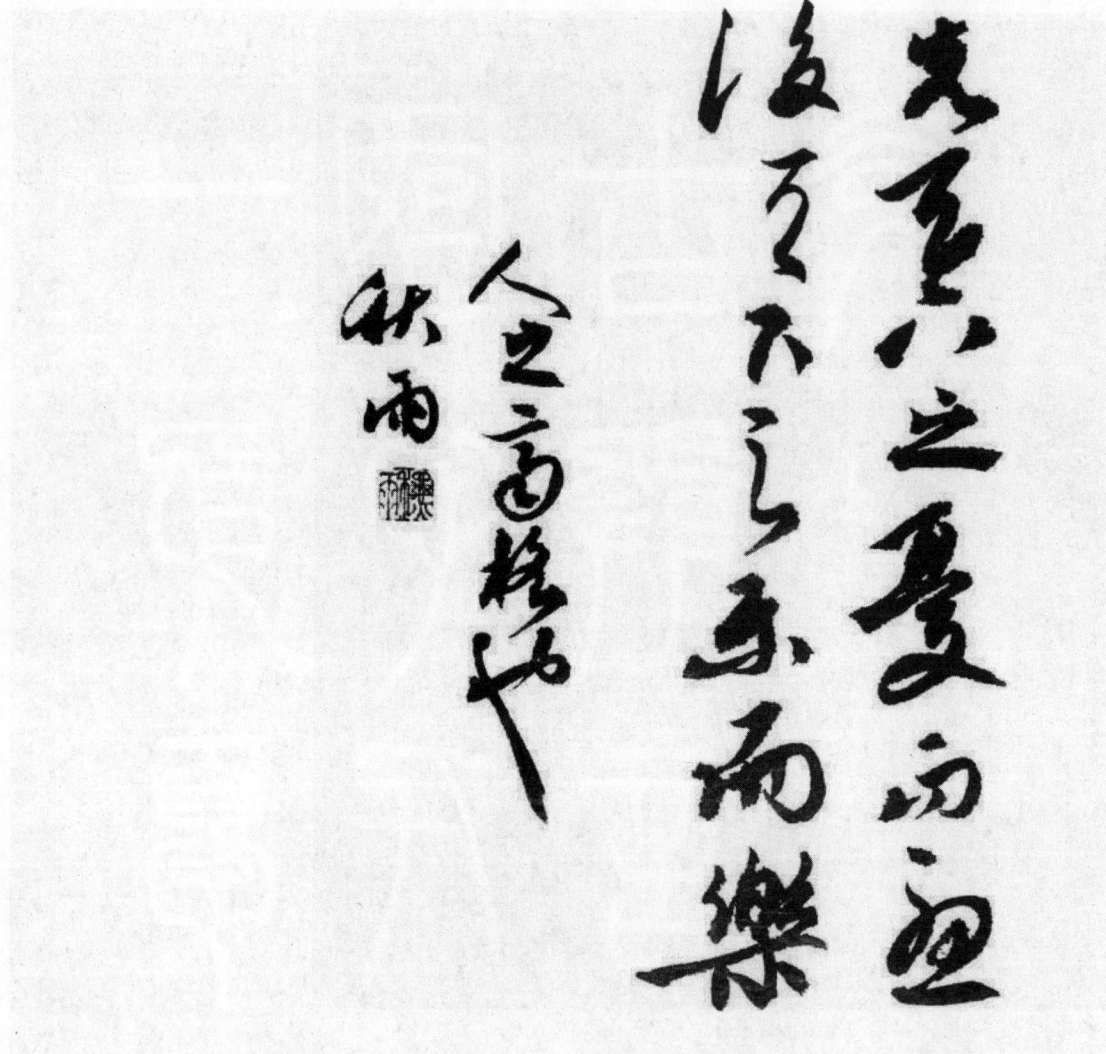

先天下之忧而忧，后天下之乐而乐。人之高格也。　秋雨

　　把国家，民族的利益摆在首位，为祖国的前途、命运担忧分愁，为天底下的人民幸福出力，这是我们青年人应有的远大政治抱负。

大诗人白居易的一句名言：

奢者狼藉俭者安，一凶一吉在眼前。

　　这句话的大意是：豪华奢侈必遭到人民的反对，厄运将至，狼藉不堪。俭是美德，以勤俭治家、治国必然安定，万事大吉。这都是摆在眼前的，谁都能看到的结果，以此劝诫人。

　　白居易，号香山居士，他闲时独善其身，而达则兼济天下。官居三品，去世后唐宣宗李忱为悼念他而作诗说："缀玉联珠六十年，谁教冥路作诗仙。浮云不系名居易，造化无为字乐天。童子解吟《长恨》歌，胡儿能唱《琵琶》篇。文章已满行人耳，一度思卿一怆然。"

　　他主张"文章合为时而著，歌诗合为事而作"应体察时政，惩恶劝善。言直而切，浅显易懂欲闻者深诫之。"总而言之，为君、为臣、为民、为物、为事而作，不为文而作也。"

　　他促使诗人正视现实，关心民生疾苦，针砭时弊，这种精神是非常值得歌颂赞扬的。

李商隐的一句诗：

历览前贤国与家，成由勤俭破由奢。

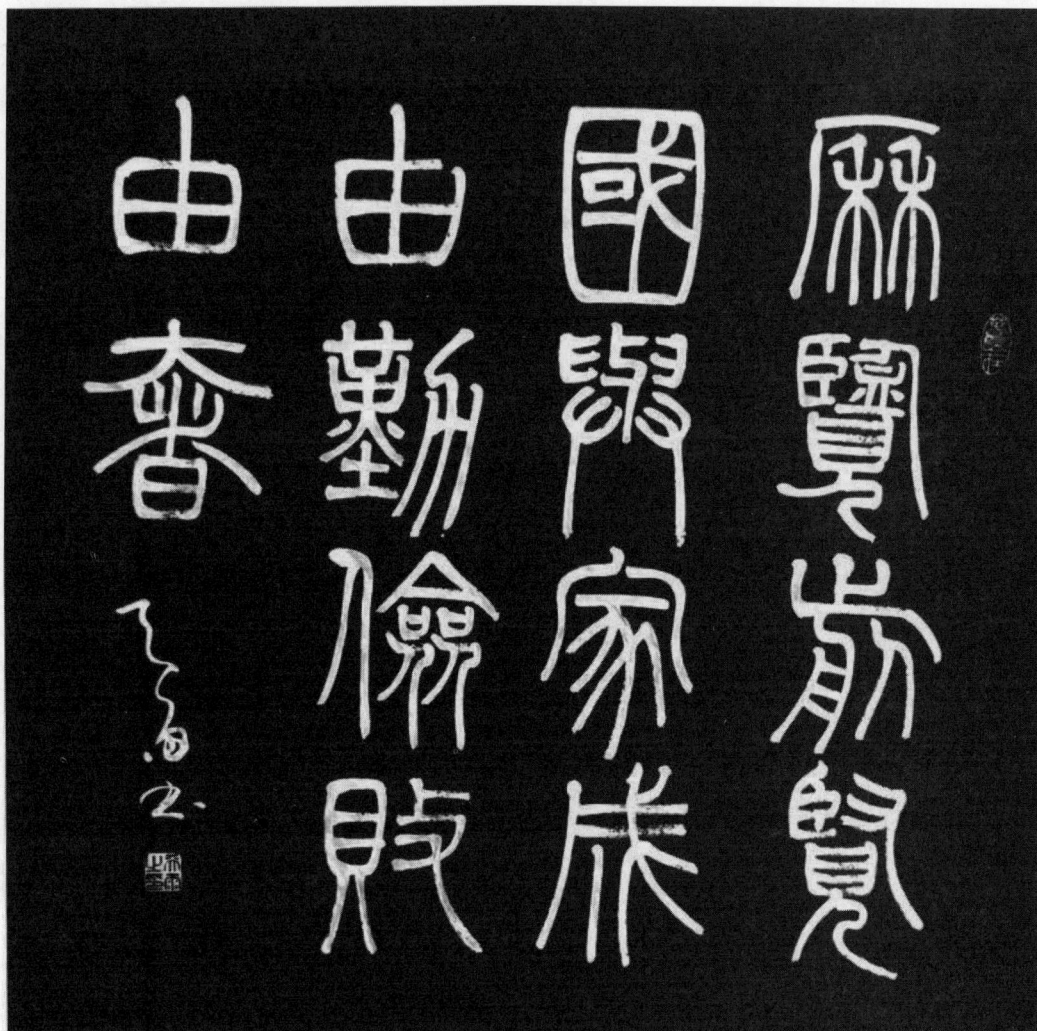

　　这句话的意思是纵观历代王朝和家族，勤奋节俭会使家庭兴旺，君臣骄奢淫逸就会使国家走向灭亡。诗人在总结唐朝由盛世走向衰败的历史教训时写下了这句警世名言。

　　古人还有很多关于勤俭的格言。如"一粥一饭，当思来之不易；半丝半缕，恒念物力维艰。""治家舍节俭，别无可经营。""静以修身，俭以养德。""厉行节约，勤俭建国。"其中小到一个人、一个家庭，大到一个国家，要想生存，并求得发展，都离不开勤俭二字。从古至今都以勤俭作为修身、齐家、治国之道。可见习主席提出"反腐倡廉"之重要。

司马迁《报任安书》中的一句话：

常思奋不顾身以殉国家之急。

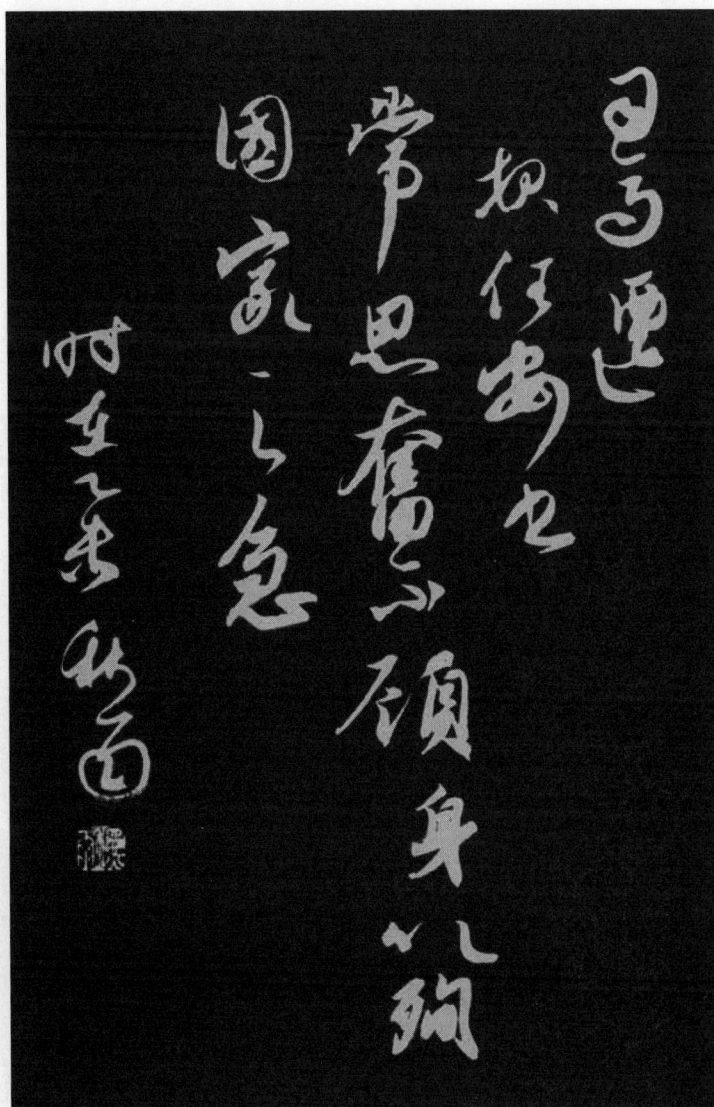

常常想着在国家危难的时候，自己能够为了国家发奋向前，不顾自己的生命安危。司马迁，是中国古代著名的史学家和文学家。他撰写的《史记》被公认为是中国史书的典范，因此被后世尊称为史迁、太史公。

范晔《后汉书·马援传》中的一句名言：

男儿要当死于边野，以马革裹尸还葬身。

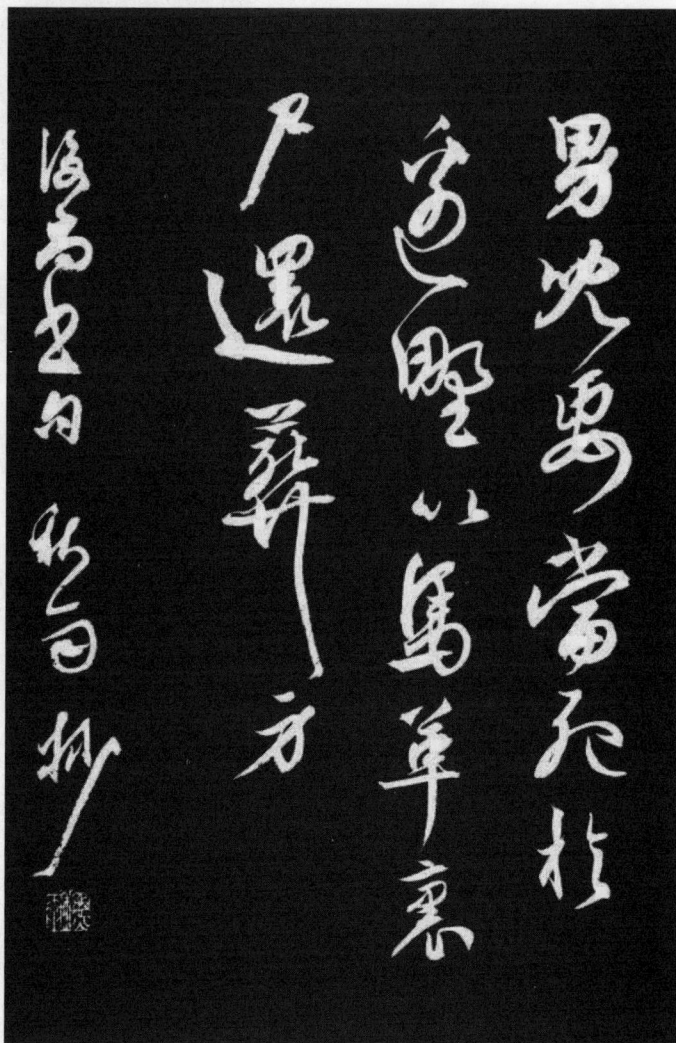

男子汉应当为保卫国家，不怕战死在边疆的战场上，用战马的皮，包着尸体回来安葬。这是古人立志报国的决心，我们应当学习。

清代龚自珍将前人的意思推进了一层《己亥杂诗》

青山处处埋忠骨，何须马革裹尸还。落红不是无情物，化作春泥更护花。

曹操《让县自明本志令》中的一句名言：

投死为国，以义灭身。

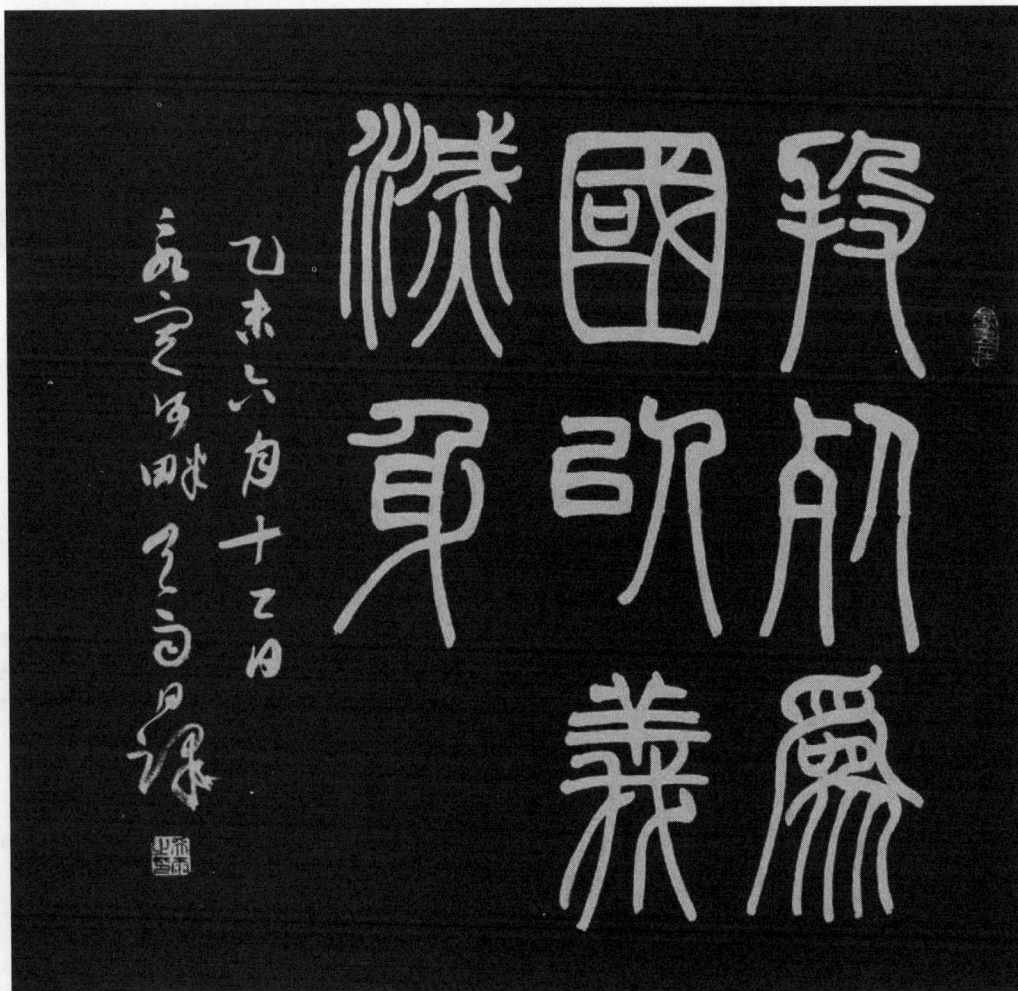

这是为国献身，为大义牺牲的精神。

曹操的这篇文章反映了他前半生的心意，字字真挚，光明磊落，谦虚而霸气，坦诚平实又不失文采，可见一位真性情的英雄。他在时代的大风大雨中改造着自己，不断提升，投死为国，以义灭身，最终取得成功。

曹植《杂诗六首》中的一句名言：

闲居非吾志，甘心赴国忧。

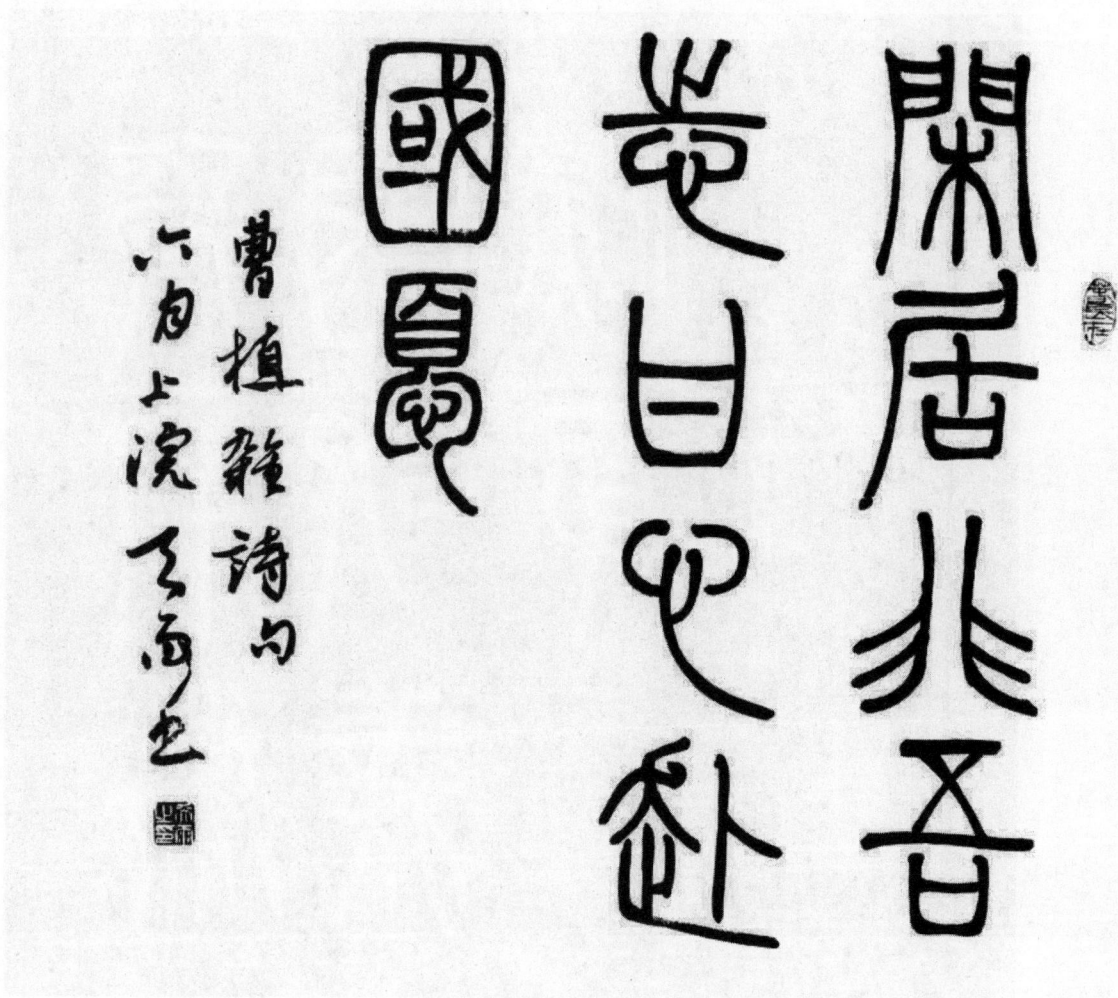

　　这句话的大意是：闲居无事不是我的志向，我情愿为解决国家的忧患赴汤蹈火。

　　曹植是三国时期著名的文学家，南宋文学家谢灵运有"天下才有一石，曹子独占八斗。"的评价。"才高八斗"成语也由此而来。《诗品》作者钟嵘赞曹植"骨气奇高，词彩华茂……粲溢今古，卓尔不群。"汉魏二千年，诗家堪称"仙才"者，曹植、李白、苏轼三人耳。

鲍照《代出自蓟北门行》中的一句名言：

时危见臣节，世乱识忠良，投躯报明主，身死为国殇。

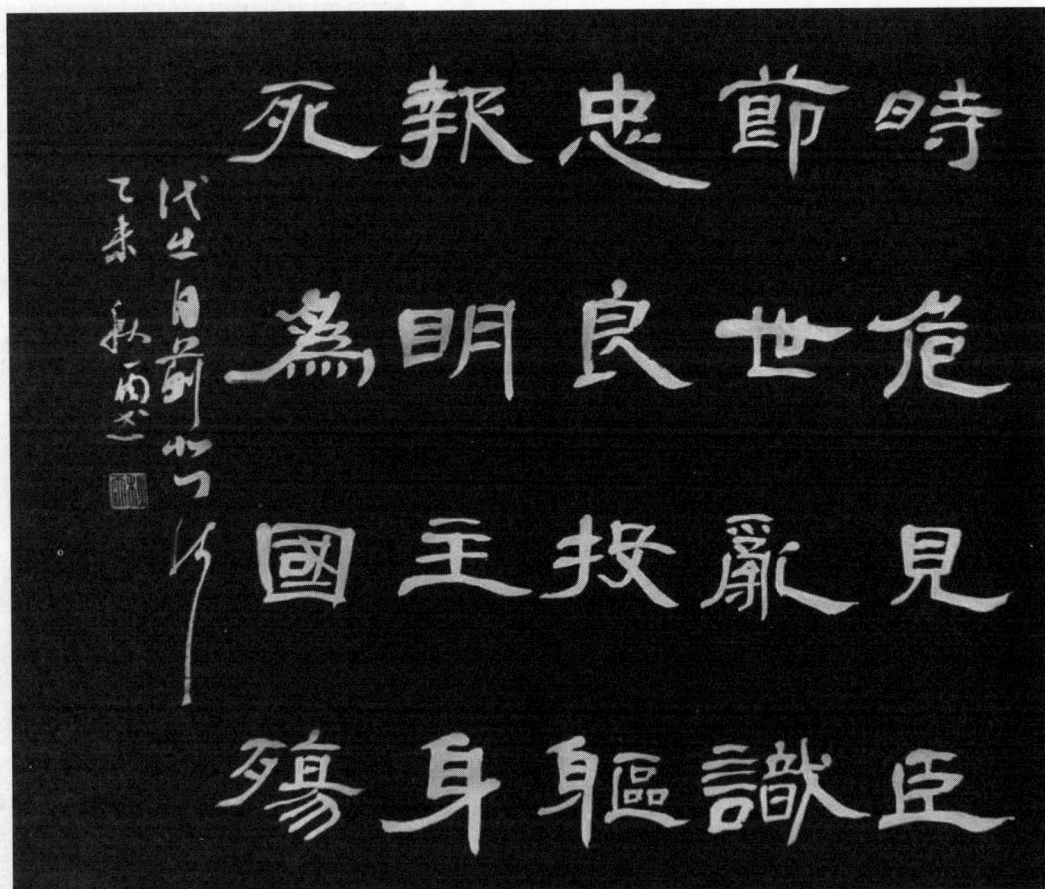

　　在国家时局危难之际，才能体现出臣子的节操，社会动乱才可识别臣子是否忠良。甘愿为国献身，报答英明的领袖。

　　鲍照是南宋文学家，与颜延之、谢灵运合称"元嘉三大家"。艺术风格俊逸豪放，抒情议论融合，文气跌宕，辞藻绚丽，对后世李白、岑参、高适、杜甫有较大影响。他毛遂自荐，献诗言志。友人劝说，"即位尚卑，不可轻忤大王。"鲍照认为"千载上有英才异士沉没而不可闻者，岂可数哉！大丈夫岂可遂蕴智能，使兰艾不变，终日碌碌与燕雀相随乎。"他摒弃燕雀之志，以大丈夫的气概，辨兰艾之味，以利国家。他虽生逢乱世，但投身明主，尽臣节，效忠良，而不碌碌终日，实可敬也。

陈子昂《感遇三十八首》中的一句话：

感时思报国，拔剑起蒿莱。

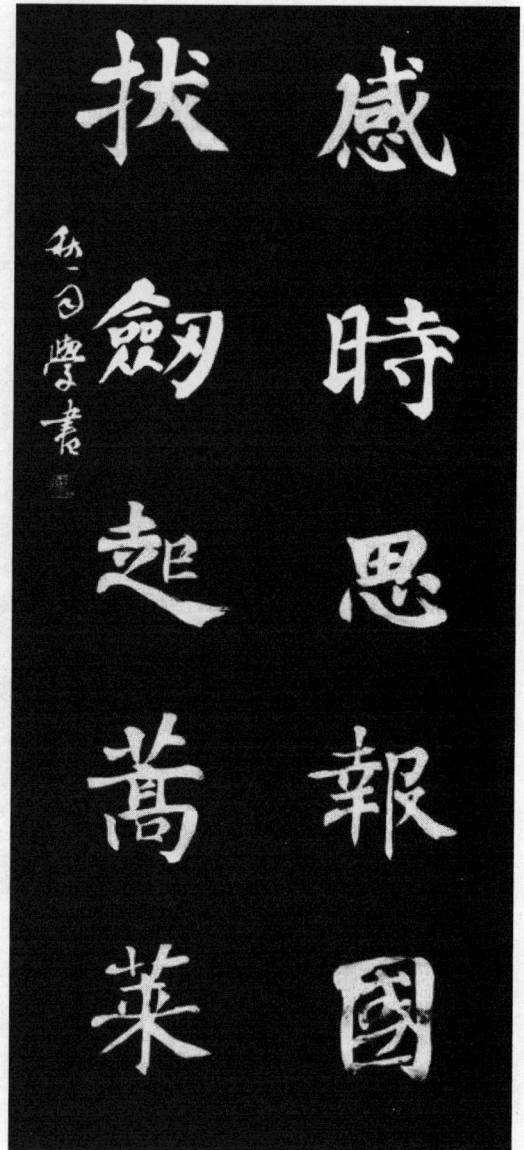

感慨时势而总想着报效祖国，身在民间，也要拔剑而起，建功立业。

陈子昂其诗风骨峥嵘，寓意深远，苍劲有力，有《陈伯玉集》传世。成年后开始发愤攻读，博览群书，擅长写作。同时关心国事，要求在政治上有所建树。

崔颢《赠王威古》中的一句话：

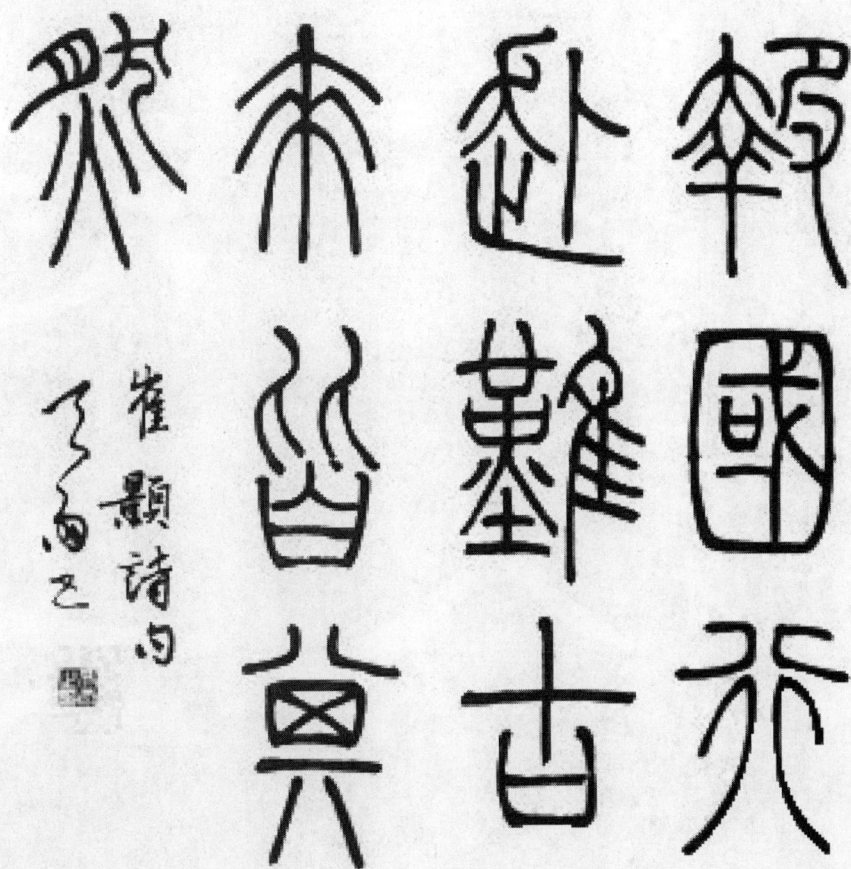

报国行赴难，古来皆其然。

——崔颢《赠王威古》

大意是：为报效国家而牺牲自己，从古至今志士仁人都是这样做的。

崔颢少年为诗，才思敏捷，尤其是题黄鹤楼一诗高唱入云，神行语外，得到李白大诗人的夸奖"绝妙！绝妙！"并说："眼前有景道不得，崔颢题诗在上头。"从而他的诗名大振。但他少年狂傲，跌宕一生。相传唐北海太守李邕，闻颢诗名，虚舍邀之，颢至献诗。

《论语·卫灵公》中的一句名言：

志士仁人，无求生以害仁，有杀身以成仁。

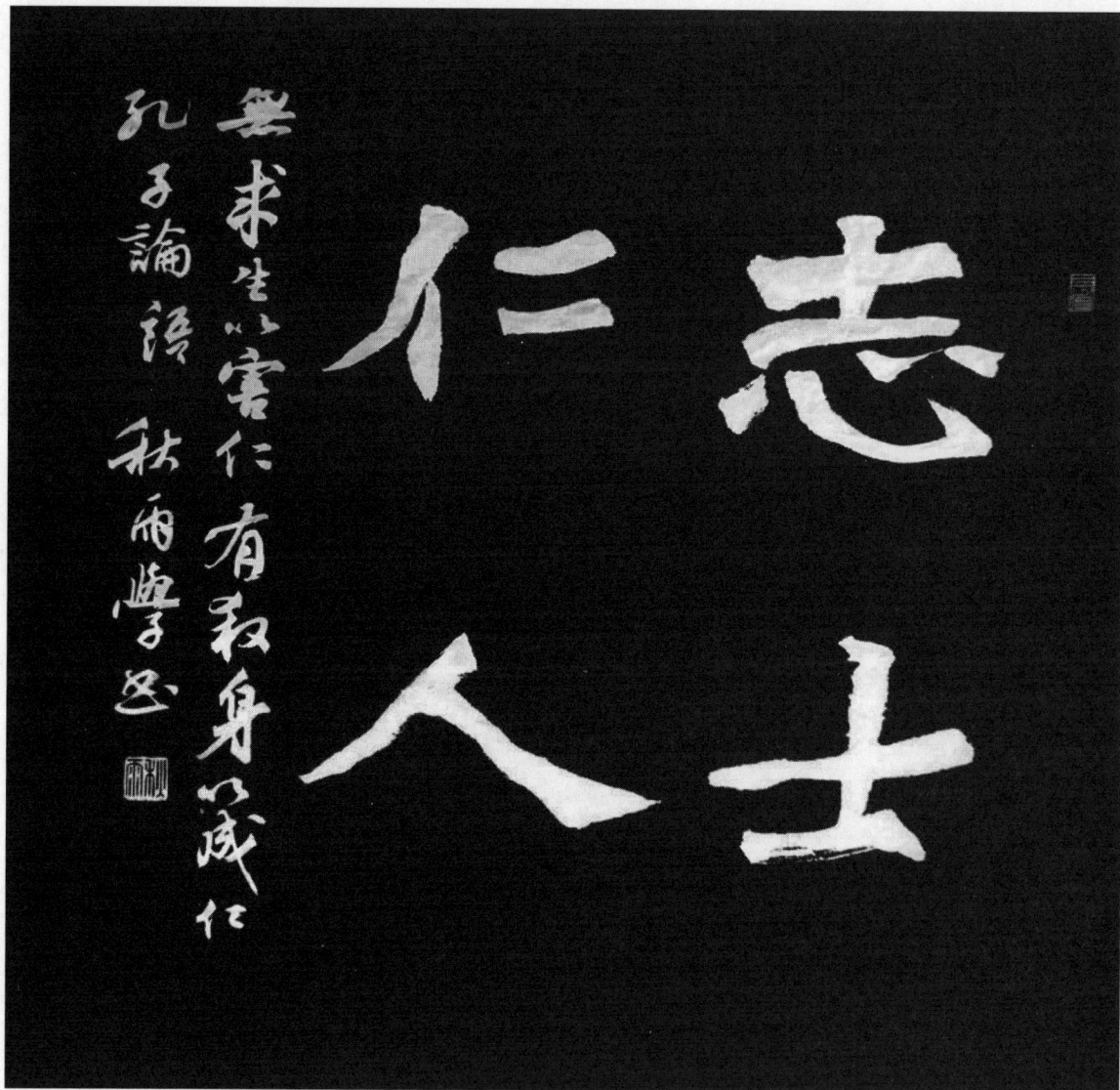

　　志士仁人决不为了自己活命而做出损害仁义的事情，而是宁可牺牲自己也要恪守仁义的原则。

诗仙李白的《经乱离后天恩流夜郎忆旧游书怀赠江夏韦太守良宰》一首诗中的名句：

中夜四五叹，常为大国忧。

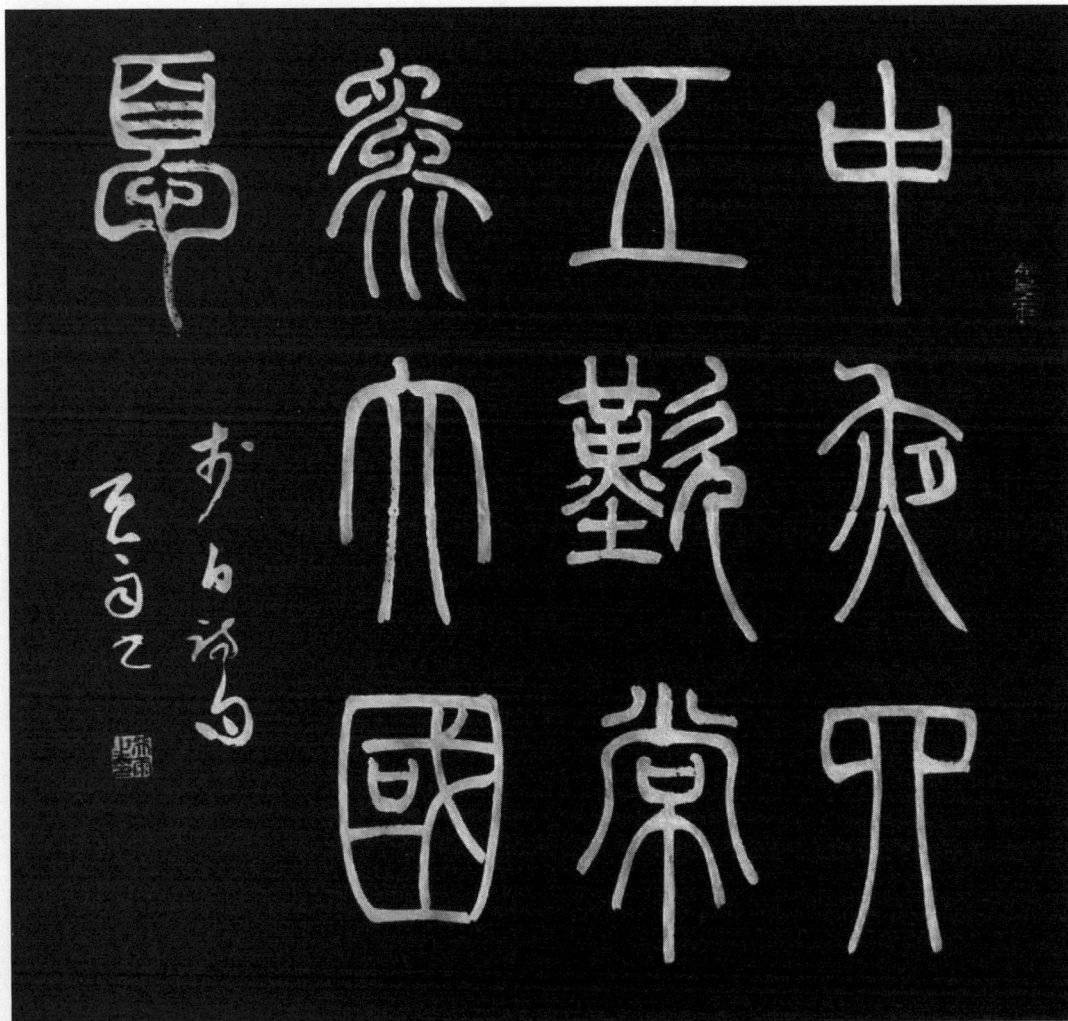

　　这句诗的大意是：半夜睡不着觉为国家的前途命运殚思竭虑。

　　李白是我国伟大的浪漫主义诗人。他主张写文章应该"清水出芙蓉，天然去雕饰"。这首诗是他一生中写的最长的一首，述说了他的不幸与委屈，为消除老朋友的误会，向世人表明自己在政治上的清白。"中夜四五叹，常为大国忧"，这是他出自内心的感叹。他的诗歌多发奋向上，自信进取，飘逸脱俗，其中不乏以豪放的激情抒发热烈的报国之志，深受人们的喜爱，流传千古，被世人称呼"天上谪仙人"或"诗仙"。

"诗圣"杜甫《前出塞》这首诗中的一句：

丈夫誓许国，愤惋复何有。

这句诗的大意是发誓以身许国，还有什么可怨愤和惋惜的呢？

杜甫从小好学不倦，六岁就能吟诗写对，早早地表现出卓著的才华。他那种读书破万卷的勤奋使他成就了大诗人。因此，他的诗写出了时代的现实，表达了对祖国无比的热爱，对人民无限的同情，洋溢着高度的爱国主义精神。无论对当时，还是对后世都起着积极的教育作用，所以他是我国的伟大现实主义诗人。历来被誉为"诗史"，人们尊他为"诗圣"。是中国文学史上一颗光华耀眼的永不陨落的巨星。

他官做得不大，肃宗给了他一个"左拾遗"的职务，这个职务可以直接向皇帝进谏忠言。杜老诗家忠于职守，不顾自己得失，为营救一个受冤屈的大臣上书，结果触怒了肃宗，弄得自己罢了官差一点送命。后来由友人推荐又做过六个月的节度参谋，官名为检校工部员外郎，但他憎恶官场生活，而爱同劳动人民接近。特别难能可贵的是，他总是关注着国家的安危和人民的疾苦。发出了"安得广厦千万间，大庇天下寒士俱欢颜"的宏愿和"丈夫誓许国，愤惋复何有"的肺腑忠言。

戴叔伦《塞上曲》中的一句名言：

愿得此身长报国，何须生入玉门关。

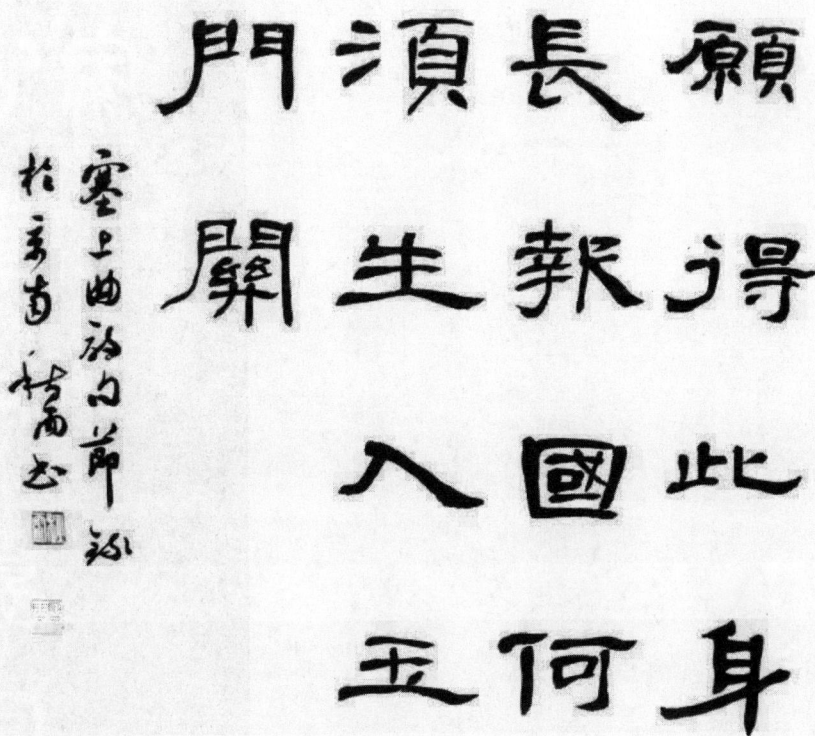

门 须 长 愿
塞上曲诗句节录
於亨吉 ...志
关 生 报 得
入 国 此
玉 何 身

这句话的意思是：我愿以此身终生报效国家，守卫边疆何须活着返回家园，发誓终生为国守边防。

作者是唐代中期著名的诗人，官至刺史，政绩卓著。全诗"汉家旌帜满阴山，不遣胡儿匹马还。愿得此身长报国，何须生入玉门关。"气势宏伟，立意明了，镇守边关，为国尽忠。何等的气魄和忠心，肝胆可见。学习古人的诗句，以古为师，提高我们的情操，树立正确的人生观，世界观，确立远大的理想，好诗要多读，把经典镶嵌在脑子里。

韩愈《上李尚书书》中的一句话：

赤心事上，忧国如家。

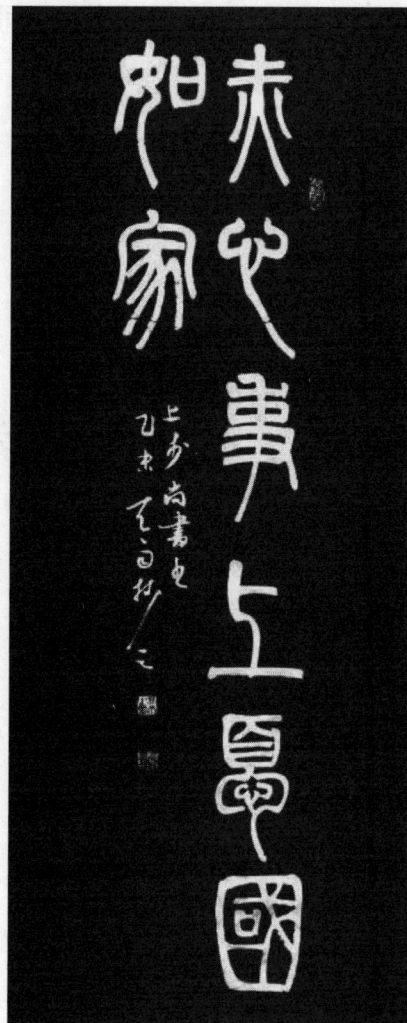

这句话的意思是：教育我们把国家和人民当做自己家，尽心的为他们服务、做贡献。

国家和人民养育了我们，爱国爱民是我们的责任和义务，尽心竭力忧国如家是我们应该做的。习主席提出的和谐价值观把爱国放在其中，是有深远意义的。

韩愈是唐宋八大家之首，他既是文学家、思想家，又是哲学家，有"百代文宗"之称，他一生命运坎坷，但他爱国爱民，敢为圣朝除弊政的精神，非常值得赞颂。

我们就是要学习、传承这种精神，要关心国家大事，从小事做起，各司其职，为实现中国梦而做出自己的贡献。

《礼记·儒行第四十一》节中的一句名言：

不宝金玉，而忠信以为宝。

这句话的意思是不把金玉当成宝贝，而把忠诚和讲信用看作是处事的珍宝。

讲诚信的行为符合道义，是做人终身应遵守的规范。为友而不失其言，见利而不亏其义，见死而不更其守，为忠信穷其一生，历代不乏典范。最为人熟知的忠义典范如，三国时期的"桃园三结义"的故事，美德流传至今。说明了讲忠信在人与人之间有着重要的作用，能使人相处的更加和谐、亲近。

《礼记》这部书是研究中国古代社会情况，制度和儒家思想的重要著作，相传是两汉戴圣编撰的，其中《大学》、《中庸》、《礼运》等篇有很丰富的哲学思想。值得大家阅读。

林逋《省心录》中的一句名言：

忧国者不顾其身，爱民者不罔其上。

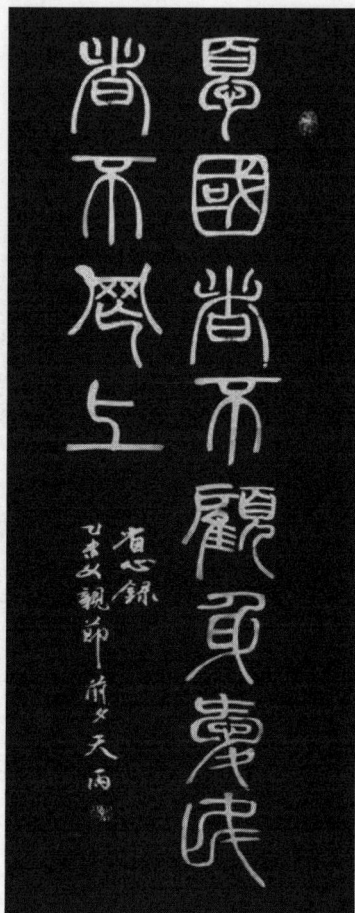

这句话的大意是忧虑国事的人，不会考虑个人的安危，爱护民众的人，不会欺瞒他的上级。林逋这个人是北宋初年著名的隐逸之士，诗写得好，终生不士、不娶，喜欢养鹤种梅，"以梅为妻，以鹤为子"，故人称"梅妻鹤子"，名气很大，皇帝赐谥"和靖先生"，也成为典故流传后世。

他写的《省心录》、《省心短语》、《日省录》、《小窗自纪》等备受世人关注，警句连连，如"自满者败，自矜者愚，自贼者害。""礼义廉耻，可以律己，不可以绳人。律己则寡过，绳人则寡合，寡合则非涉世之道。故君子责己，小人责人。"

他不趋炎附势，虚伪矫饰，著述中的处事格言，字字珠玑，实为可读。

唐宋八大家之一柳宗元的名句：

文以行为本，在先诚其中。

这句话的大意是文士以德行为修养之根本，而在德行中真诚摆在首位。

柳宗元是唐代著名的政治家，积极用世，刚直不阿，能诗善文，统合儒佛。他少年成才，早有大志，二十一岁进士及第，名声大振，一生留下不少诗文作品，笔锋犀利，论证精确，他写的论说、寓言、传记、山水游记、诗词歌赋，独具特色，很有见地，经世致用，主张革新。他"以文明道"反对不重内容，空洞无物的弊病，富于革除时弊的批判精神，"务去陈言"、"辞必己出"，先"立行"，再"立言"的主张，对后世产生了深远的影响，这是他"文以行为本"的具体表现，亦诚其事物之本，正是高尚品德的境界。

孟子的一段论文：

恻隐之心，人皆有之；羞恶之心，人皆有之；恭敬之心，人皆有之；是非之心，人皆有之。恻隐之心，仁也；羞恶之心，义也；恭敬之心，理也；是非之心，智也。

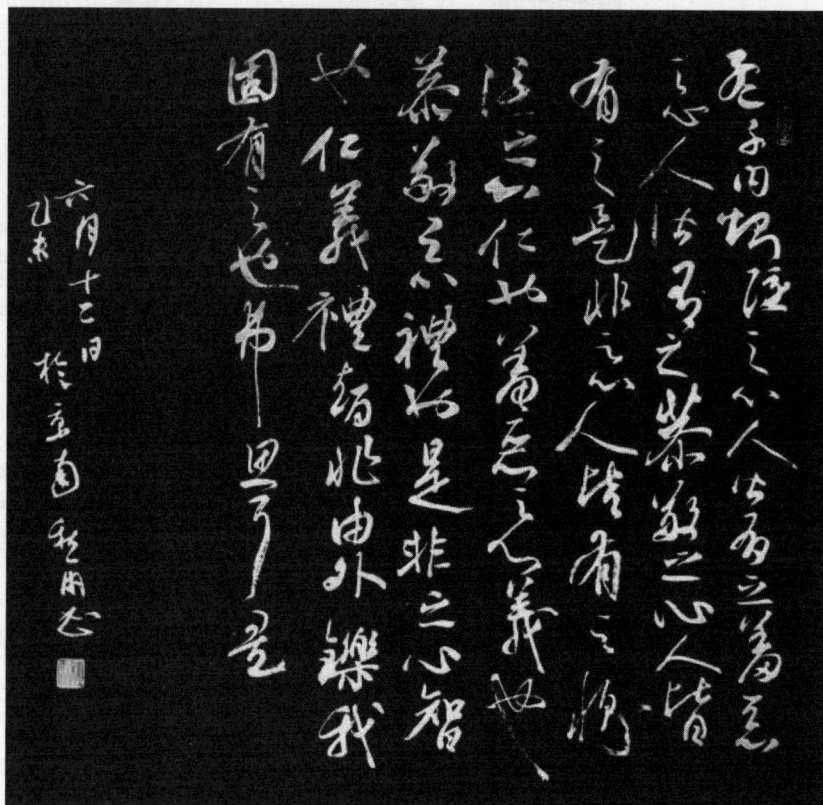

"仁、义、礼、智非由外铄我也，我固有之也，弗思耳矣"。孟子继承了孔子的思想学说，并有发展，被世人称为"亚圣"，与孔子合称"孔孟之道"。也是教育家，思想家，政治家，是儒学的重要人物。

他提倡仁、义、礼、智、信，并认为人本身都固有这些思想，只不过平时没有注意，而不觉得罢了。从"人之初，性本善"讲是对的，那么从"苟不教，性乃迁"讲小孩不教育本有的善就会改变。所以德育是必要的，不可忽视的。人处事按仁、义、礼、智、信这五种规范去做，肯定会收到非常好的效果，这也是几千年历史验证过的理想的育人之道。

《孔子家语·在厄》中的一句话：

芝兰生于深林，不以无人而不芳；君子修道立德，不为窘困而改节。

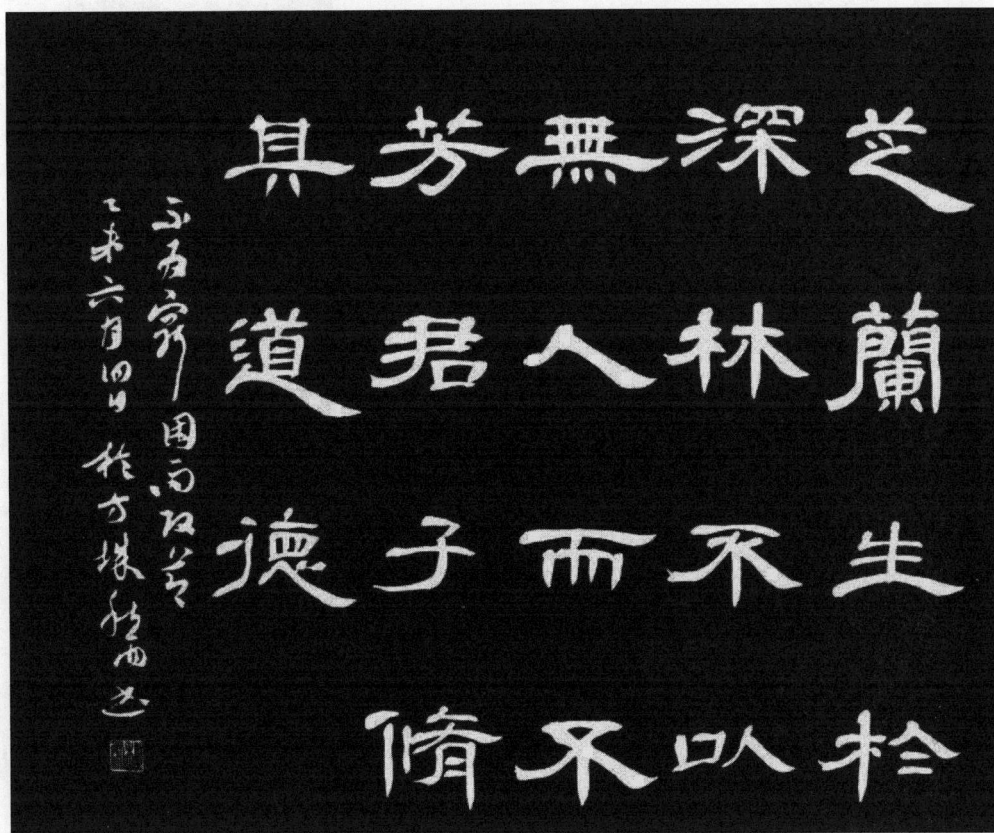

大意是：兰花生长在幽深的树林之中，环境清幽，人迹罕至，但是它不因没人观赏就不芳香，君子修养自身道德，不因为处境艰难就改变节操。

孔子用兰和君子比喻有高尚品质的人。历史上不少有德才的人未被重用，就如兰花生在无人知晓的深山野林，但它生于自然放香于大地，不图己利，不为虚名，这种精神品质也不因没人知晓而改变。在保持这种高洁品行这一点上，是多么值得我们敬仰和学习啊！人有高尚的品德，信念，不为不正当的利益所引诱，不为世俗所干扰，如兰一样为自然人类造福，发挥万物生灵的本性，非为名利，这是人品的最高境界。

孔子这句话比喻的是处世的原则，有很强的说服力，常被人们挂在嘴边，这正是优秀传统文化的魅力所在。

明朝开国元勋刘基的一句名言：

德不广不能使人来，量不宏不能使人安。

　　其意思是：道德不高尚、广大，就不能吸引人、凝聚人，气量不宽宏，就不能让身边的人有安全感。

　　刘基字伯温，元末明初的军事家、政治家、文学家、通经史、晓天文、精兵法、辅佐朱元璋完成帝业，驰名天下，在文学史上与宋濂、高启并称为明初诗文三大家。

　　民间广泛流传着"三分天下诸葛亮，一统江山刘伯温"的说法，他以神机妙算，运筹帷幄著称于世。治国以施德政，得民心为基本方针，一生亲民堪为表率。被后人称为"立德、立功、立言"三不朽的伟人。德广量宏也是为人品质高尚的表现，故能团结人，为事业齐心协力，所以成其大业，立言于世，立功于国，立德于民。

《淮南子人间训》中的一句：

天下有三危：少德而多宠，一危也；才下而位高，二危也；身无大功而受厚禄，三危也。

人在天地间有三种情况最危险：一是缺乏道德的人受到过多宠爱，二是才能低下的人占着高位，三是没有大功的人享受丰厚的俸禄。

西汉淮南王刘安及其门客撰写的《人间训》杂家著作，里边大部分内容都是用人之道，治国之方，修身之法。秦汉轶事，论证事理，内容丰富，哲理性强，值得一读。

道德名言是：

不诱于誉，不恐于诽。

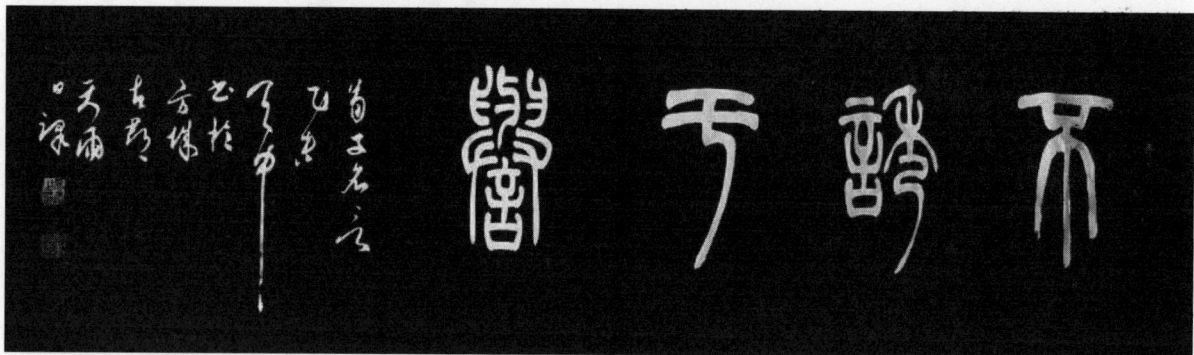

　　这句话出自《荀子》，意思是说一个人要不为赞誉引诱，也不能被诽谤吓倒。

　　荀子是战国末期赵国人，是著名的思想家，文学家，政治家。他对儒家思想进行发展，强调后天教育和环境对人的重要影响。并提出与孟子的"性善论"相对的"性恶论"。还教育出了韩非和李斯两位法家代表性人。他的主要著作是《荀子》这部书，现存三十二篇。他在书中提倡："明于天人之分"的自然观，"化性起伪"的道德观，和"礼仪之治"的社会历史观。他曾说："制天命而用心"意思是规劝人民不要去歌颂迷信天的权威，要利用自然规律，为人服务。荀子对人的自身修养很看重，于是提出了"不诱于誉，不恐于诽"之句，实为修身名言。

要讲的是：

自天子以至于庶人，一是皆以修身为本。

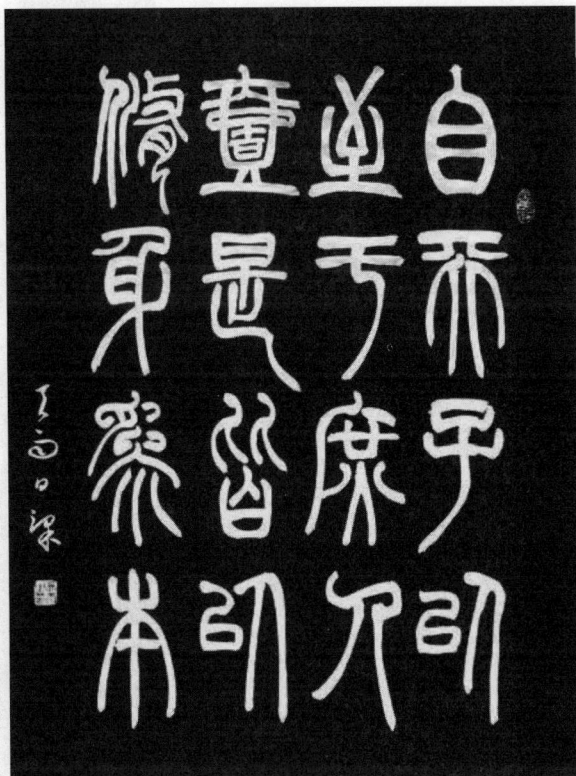

这句名言出自《大学》，意思是说上自天子，下至平民。都要以修身作为处世的准则。

《大学》原是《礼记》中的一篇，内容是讨论古代汉族教育的理论著作，据说是曾子所作。

在宋代以前《大学》的地位并不高，后来北宋的程颢、程颐两兄弟竭力尊崇，把它从《礼记》中抽出，编次章句。后经南宋朱熹重新编排整理，并作《大学章句》致使《大学》一书成为儒家经典中重要的篇章，和《中庸》、《论语》、《孟子》并称"四书"。宋元之后，《大学》成为官定的教科书和科举考试的必读书，被称为"初学入德之门"。书中分为经、传两部分，经一章提出：明明德，亲民、止于至善三条纲领，又提出"格物，致知，诚意，正心，修身，齐家，平天下"八个条目。对古代教育产生了极大的影响。

唐甄的一句名言：

一指之穴，能涸千里之河；一脔之味，能败十世之德。

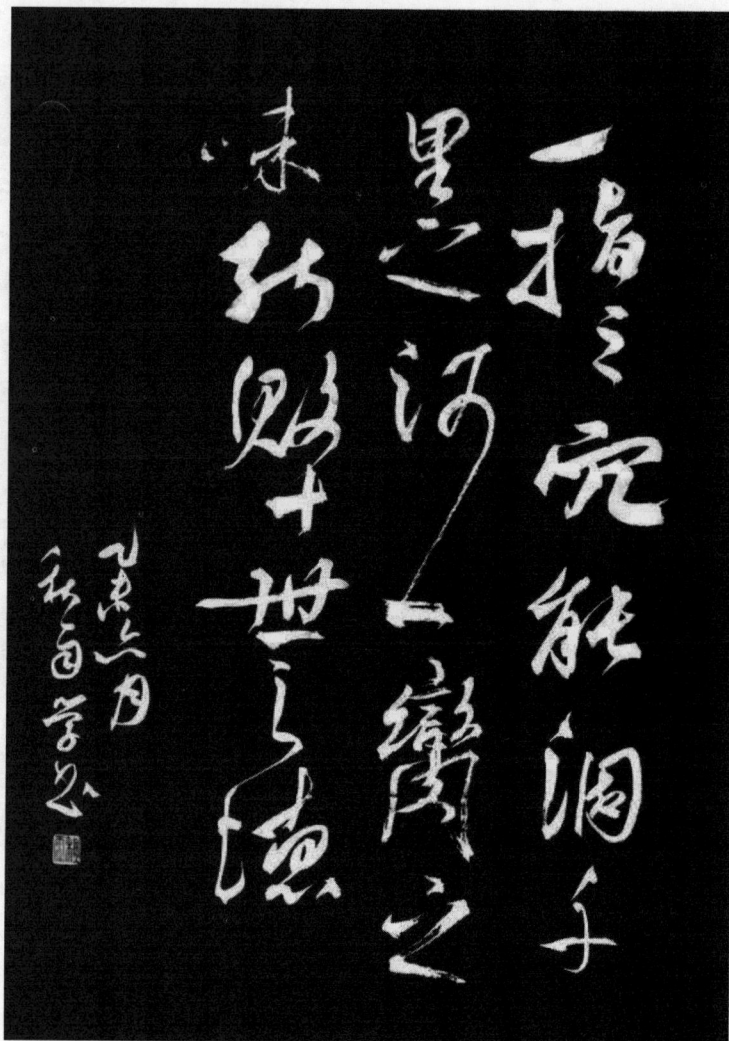

　　一个指头大的漏洞，能流干千里之河；贪婪一片细肉的味道，能败坏一个人多年积成的品德。唐甄是清代初期重要的社会启蒙思想家。他的一生"困于远游，厄于人事"，虽生活贫困潦倒，仍然专心究治天下之法，志在彰扬圣人之道。他的社会政治启蒙思想，集中反映在他历30年而成的《潜书》中。"上观天道，下察人事，远正古迹，近度今宜，根于心而致之行，如在其位而谋其政。"（《潜书·潜存》）此书不仅奠定了唐甄在清初启蒙思潮中的历史地位，而且对当时的儒学思想发展也产生了深远的影响。

徐寅诗中的一句：

平生德义人间颂，身后何须更立碑。

这句话的意思是：人的一生所具备的高尚道德和气节道义会得到人们颂扬，死后没必要再树碑立传。即只为道义，不为名誉，不争名利。

这首诗的全文是：八角红亭荫绿池，一朝青草盖遗基。

蔷薇藤老花开浅，翡翠巢空落羽奇。

春榜几深门下客，乐章多取集中诗。

平生德义人间诵，身后何劳更立碑。

徐寅，唐代文学家，博学多才，尤擅作赋。他考上进士第一名，梁太祖指出其作《人生几何赋》中有一句"一皇玉帝不死何归"不好要改一改。他不仅不改反而说："臣宁无官，赋不可改。"太祖怒，削其名籍。从这句宁肯不做官也不改自己写的赋看，他是一个不诌上，正直，不求名利的人。他在做官时提出"轻徭薄敛，抚民休息"之策，兴修水利，发展农业，做了很多利国利民的事，不图人们为他树碑立传，但求无愧己心。

宋代文学家胡宏的一句话：

有德而富贵者，乘富贵之势以利物；无德而富贵者，乘富贵之势以残身。

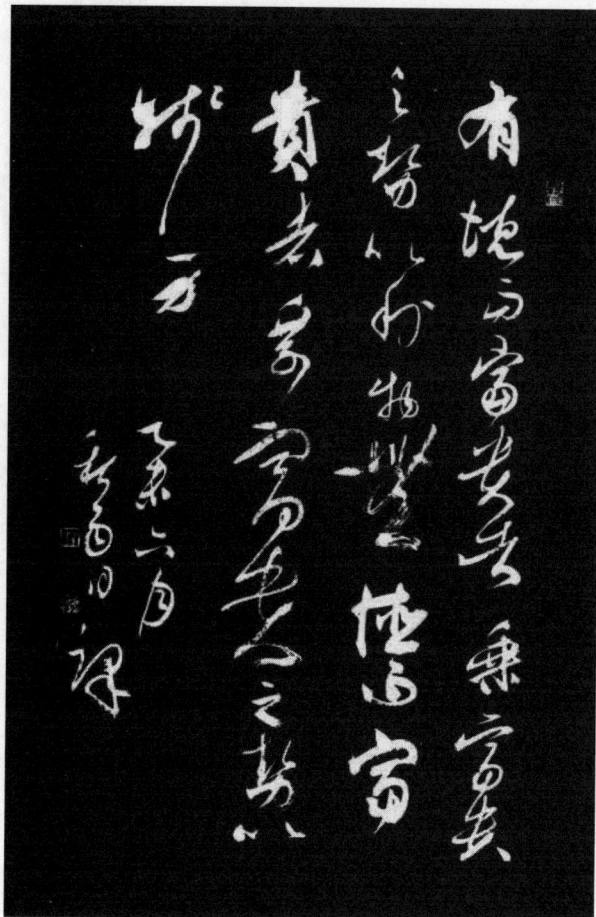

这句话的大意是：有道德的人富贵了，他以富贵之势去做有利于人们的各种好事；没有道德的人富贵了，他以富贵之势来做不利于人民的坏事。

胡宏不是一个只知闭门读书的人，他所以做学问、求大道，不仅是为了做一个有学问、有道德、有大节的人，他力图将其所学用于匡时救世，身在草野，心系社稷安危，关心人民疾苦，反对苛敛和奔走于名利之途，纳交于权势之门，终身不仕，不与秦桧为伍，以德修身，鄙视富贵而无德者，是位爱国爱民、卓识远见的学者。

许概的有关交友之道的一句名言：

　　与邪佞人交，如雪入墨池，虽融为水，其色愈污；与端方人处，如炭入薰炉，虽化为灰，其香不灭。

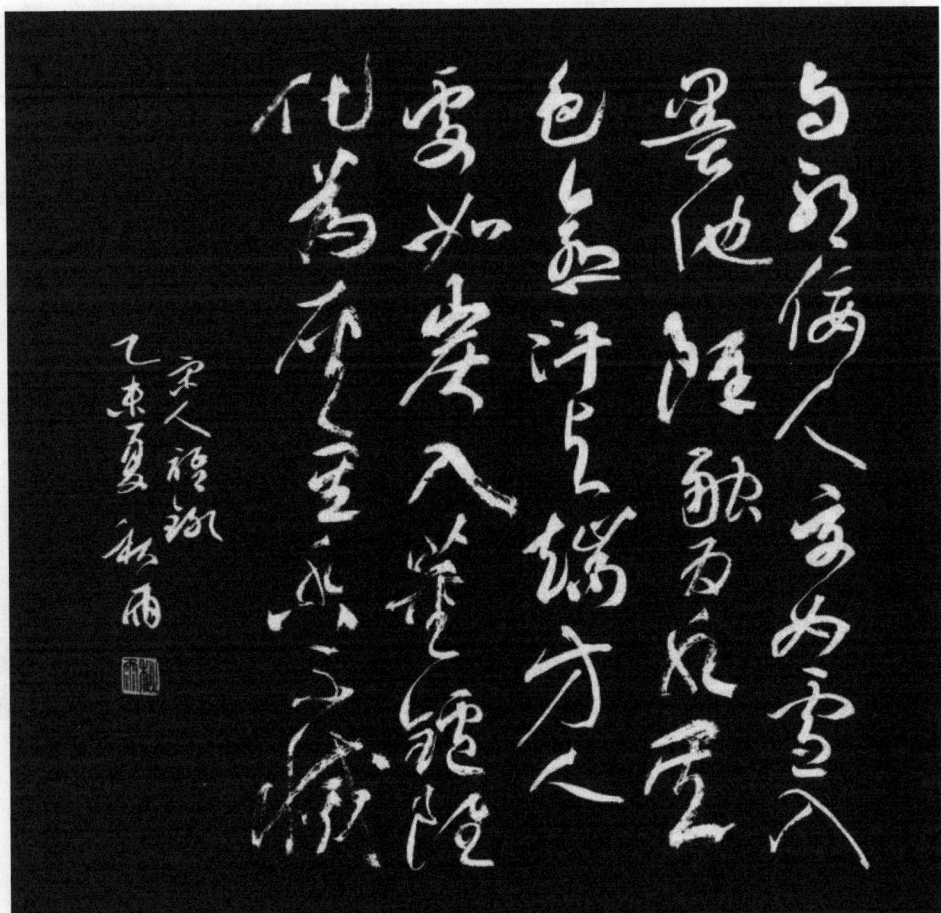

　　大意是与坏人交往，就像白雪进入墨池，虽然化成水，但其颜色却变黑了；与正直的好人相处，如同木炭尽燃在熏香炉里，其灰仍有香气可闻。

　　谨慎择友，这在人生中是很重要的，道义相抵，过失相规，缓急可共，死生可托谓之志同道合的益友。孔子说："与善人居如入芝兰之室，久而不闻其香与之化矣；与恶人居如入鲍鱼之肆，久而不闻其臭与之化矣"。人无德不立，只有先学会做人，才能谈做事。交友与人一生有关，道者，不可须臾离也。交友要谨慎，要有原则，切忌良莠不分，不然很有可能好人变坏人。

《战国策》中的一句：

人有德于我也，不可忘也；吾有德于人也，不可不忘也。

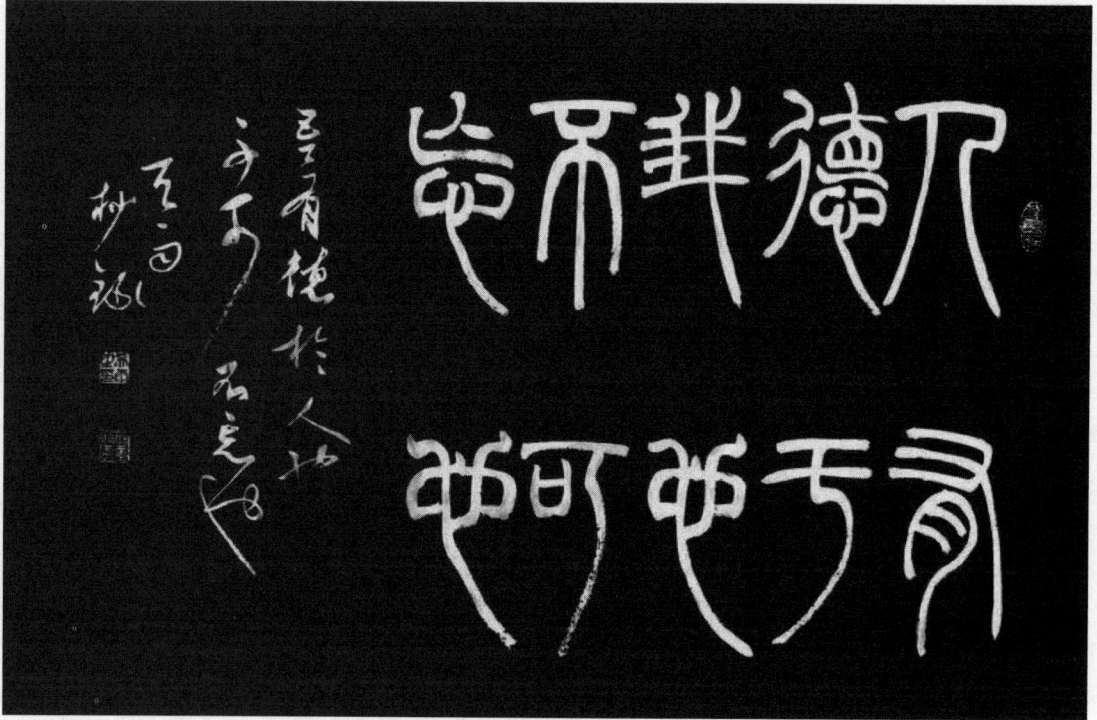

　　这句话大意是：别人对我有恩德，是永远不能忘记的；而我对别人有恩德，则不必记在心上。

　　《战国策》是韩非子汇编，西汉刘向整理的一部历史学名著。主要记述了战国时期的纵横家的政治主张和言行策略，展示了战国时代的历史特点和社会风貌，大量运用寓言、譬喻、述事明理，语言生动，富于文采，娱人耳目，其机变之巧足以坏人心术，这一点上实不可取，本书尚未批判，反而欣赏描绘。所以我们学习古人，要取其精华，去其糟粕。我们讲的这句是做人最为高尚的品质，有德于我，要念念不忘，即饮水思源，受人滴水之恩当涌泉相报的思想。

《国语·鲁语上》中的一句名言：

重莫如国，栋莫如德。

　　这句话的大意是：对于人来说，没有比关心自己国家兴亡更重要的事，而要成为国家的栋梁，没有比具有崇高品德更重要的了。

　　春秋时代，鲁大夫声伯出使晋国，晋国的大夫是声伯的连襟，他出于私情的考虑，建议晋厉公赐给声伯一块土地，声伯知道后拒绝了，并说：做人做事应先为自己的国家着想，而你作为晋国的大夫又怎么能不具备这种德性呢！即是重莫如国，栋莫如德的由来。

　　左丘明是春秋末期的史学家、文学家、思想家、散文家、军事家。曾任鲁国史官，作《国语》时已双目失明，这书记录了不少西周、春秋的重要史事，保存了具有很高价值的原始资料。由于史料翔实，文笔生动，引起了古今中外学者的爱好和研讨。被誉为"文宗史圣"、"经臣史祖"，孔子、司马迁均尊左丘明为"君子"。

《韩诗外传·卷五》中的一句话：

内不自诬，外不诬人。

　　这句话的意思是说做人做事不能违背自己的本意欺骗自己，也不能欺骗别人。

　　此句主要是警示做人要忠诚老实不能谎话骗人，实则也同时骗自己，天长日久真相大白，让人耻笑。这是个非常重要的品德问题，不能不引以为戒。让自己养成高尚的品德，要从不说谎话开始，做诚实的好孩子。

　　《韩诗外传》是韩婴所作，他是汉文帝时的博士，是西汉"韩诗学"的创始人。他借诗发挥他的政治思想，叙说孔子的逸闻，诸子杂说和春秋故事，引"诗"以证事，并非述事以明《诗》文辞清婉，有先秦的风骨，在古小说发展史上占一席地位。

司马迁《史记·王世家》的一句话：

不作威 ， 不作福，靡有后羞。

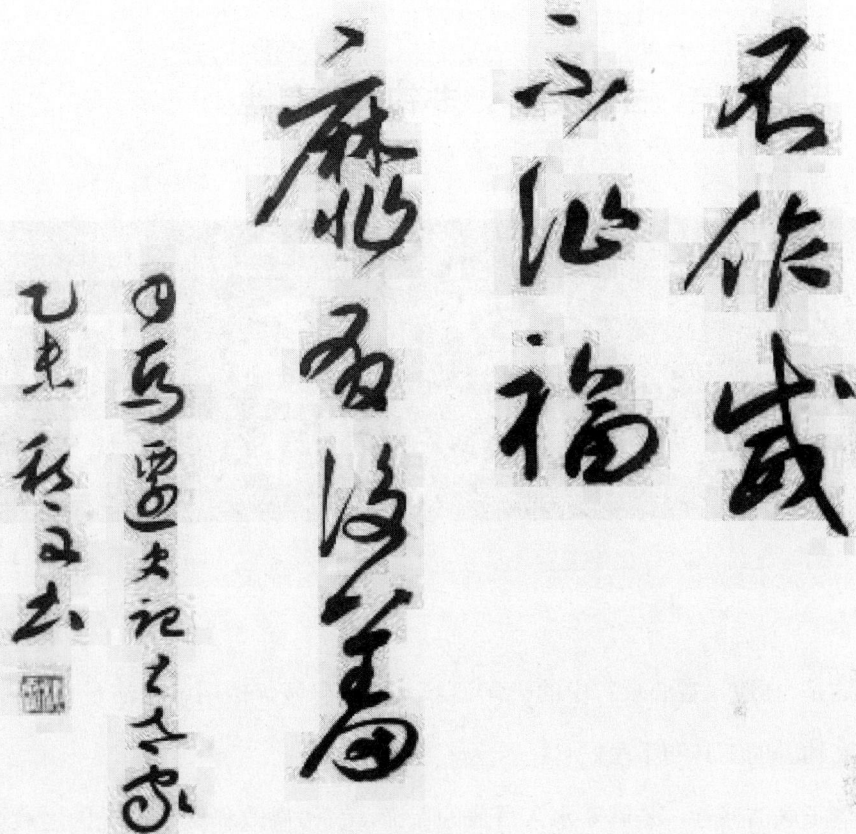

　　这句话的大意是： 一个人只要不作威作福，生前和死后就不会蒙受羞耻。

　　司马迁是西汉伟大的史学家、思想家、文学家，编著的《史记》成为中国第一部纪传体通史，对后世影响非常大。这句话总结了前人的教训，以史为鉴，说明作威作福，压迫百姓，是无道德行为，是乱臣贼子之行，必招致人们的辱骂及反抗，遗臭万年。相反，处处为百姓着想，就会受到人们的爱戴，流芳百世。司马迁的著作之所以能流传千古，与他的高尚品德是分不开的。他受了极大的冤屈，仍不改其志，著书立说，写出了千古不朽的《史记》，受到了后世历代的赞颂。

林逋的一句话：

忠信廉洁，立身之本，非钓名之具也。

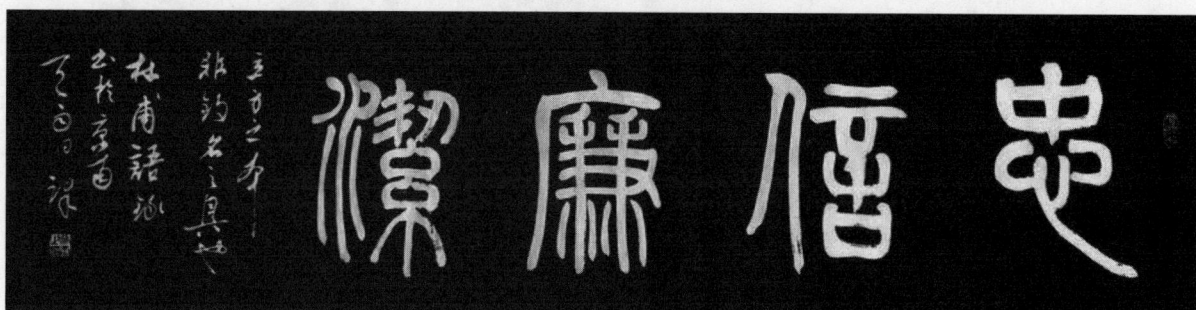

　　这是 林逋《省心录》中的一句话，大意是忠诚、信用、廉洁是立身做人的根本。不是用来沽名钓誉的工具和手段。

　　清正廉洁盛行，是国家永久昌盛的保证，贪污腐败猖獗，则是国运衰微的开始。对国忠、对民信、对己廉、对公洁，高尚的品德，是衡量一个人道德水平的标准。但不能因为有好品德就以此去捞取名和利，更不能把它当作捞取名利的手段和工具。一般人是难做到的，但要向这方面努力，以忠信廉洁立身。

马融《忠经·守宰》中的一句话:

在官唯明，莅事唯平，立身唯清。

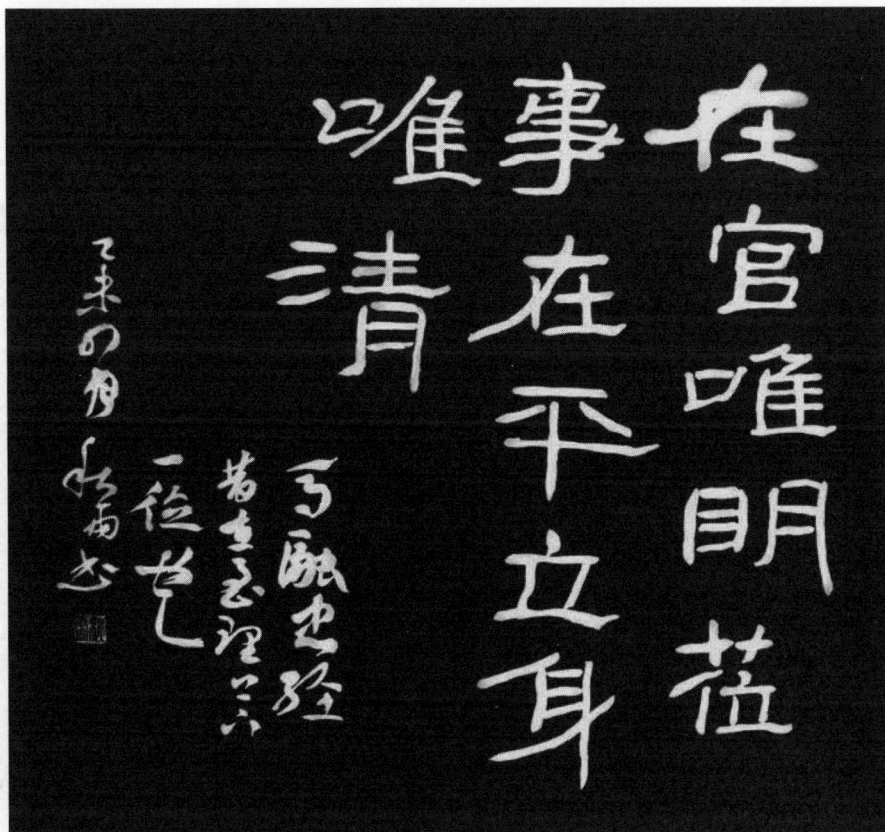

当官一定要贤明，处理一定要公平，做人一定要清白。

《忠经》是系统总结忠德的专门经典，马融因为有《孝经》而无《忠经》，故作此书来补阙，全篇共十八章。《天地神明章》把忠说成是天地间的至理至德，是评价人们行为的最高准则。"昔在至理，上下一德。……天之所覆，地之所载，人之所覆，莫大乎忠。"忠的要点在于"一其心"，忠的作用是"为国之本，何莫由忠。忠能固君臣，安社稷，感天地，动鬼神，而况于人乎"。《忠经》对于不同等次的人，提出了不同的忠的要求，上至君王，下至平民，须各尽其忠，且尽忠有君子与小人之分："君子尽忠，则尽其心；小人尽忠，则尽其力。尽力者止其身，尽心者则洪于远"（《尽忠章》）。《忠经》提出了许多对后世忠德观念有深远影响的重要原则，例如"善莫大于忠，恶莫大于不忠"。

朱熹《论语集注》中的一句话：

日省其身，有则改之，无则加勉。

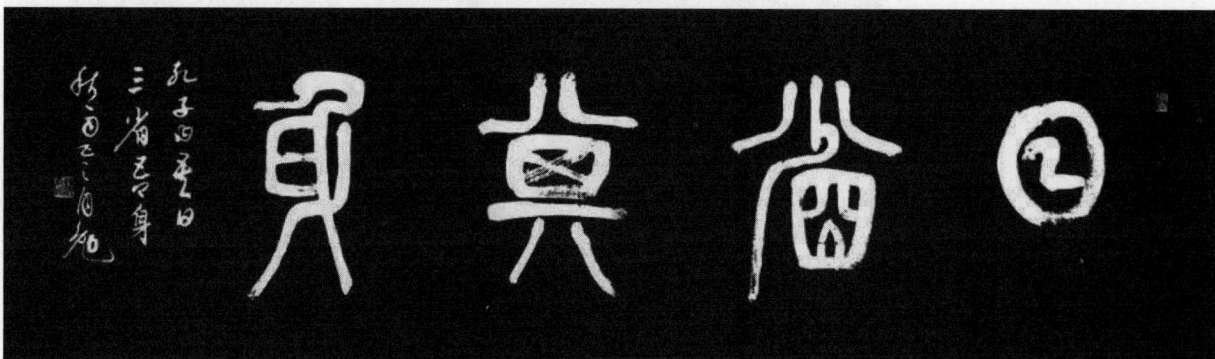

大意是每天都要做自我检查，有错就改正，没错就当自我勉励。

朱熹，南宋理学集大成者，尊称朱子，他的《大学中庸章句》、《论语集住》、《中庸》、《孟子》等重要的著作，世称四书，作为教本，对后世影响很大。

朱熹幼年，家境贫困，但他聪颖好学，不满十九岁就考上了进士，于建阳云谷草堂讲学，世称"考亭学派"创立宋代研究哲理学风，世称理学。

他继承孔子"吾日三省吾身"的思想，用来鞭策自己，这是改进工做提高自己的好方法，免得天长日久集成大错，给自己或别人或国家造成不必要的损失。有则改之，无则加勉。这句话，在人们生活中普遍认知和使用，但"日省其身"不是谁都能做到的，如果我们能接朱老夫子讲的去做，不管是学生还是已经工作了的成年人都有好处。

《诸葛亮集·将林》中的一句话：

贵而不骄，胜而不悖，贤而能下，刚而能忍。

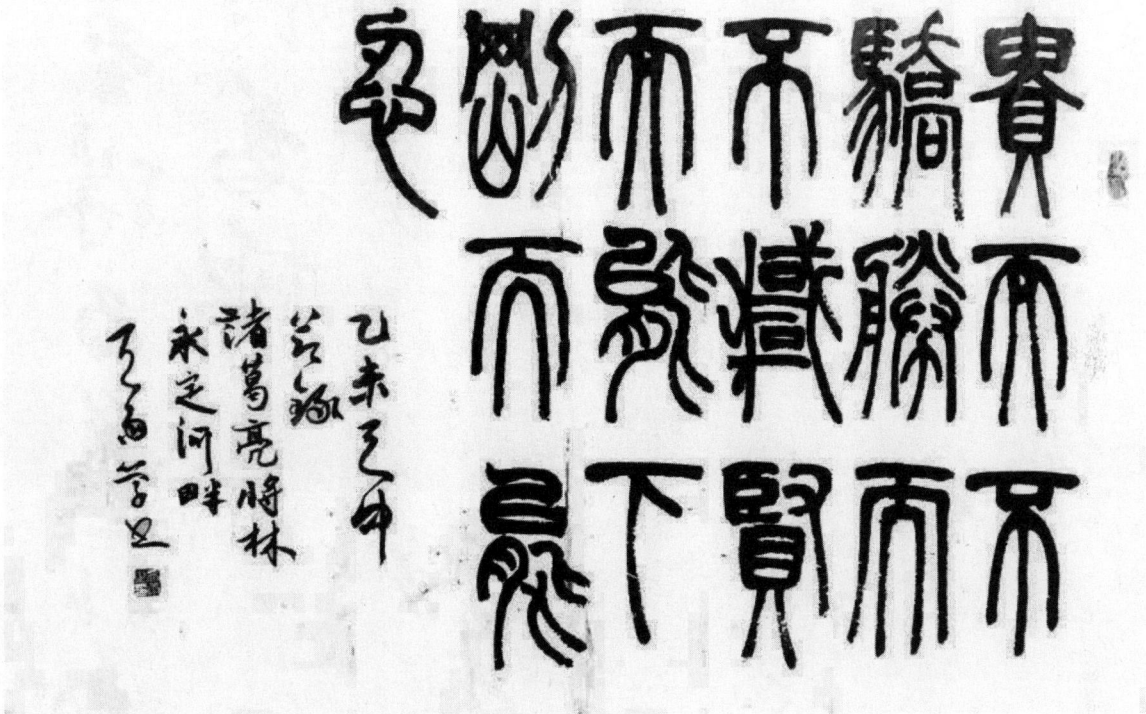

　　这句话的大意是：地位高了，但不骄傲，取得胜利，但不胡作非为，德才高但能够体察下情，性格刚强但能够忍让。

　　诸葛孔明是我国一位传奇的人物，他军事、天文等诸多方面都有超常人的智慧，帮助刘备从弱到强，争得了西蜀天下。他鞠躬尽瘁，不骄不悖，贤而能下，刚且能屈的精神，高尚的品德，实在是让人敬佩，名传千古。

　　三国归晋之后，陈寿将诸葛亮的文章、兵书、奏折编辑成《诸葛亮集》又称《诸葛氏集》。

苏轼《道德》一书中的一句名言：

以至诚为道，以至仁为德。

大意是把最大的诚信和最纯真的仁爱作为道德。诚信、仁爱是中华传统道德的核心和基础。

中国北宋文豪"唐宋八大家"之首——苏轼，他的诗词歌赋、散文成就极高，而且是书法名家。他说："人君以至诚为道，以至仁为德。守此一言，终身不易，尧舜之主也，至诚之外，更行他道，皆为非道。至仁之外，更作他德，皆为非德。"

何为至诚？上至各级领导，下至百姓，内自亲戚，外至四夷，皆推赤心以待之；不可以丝毫伪也。至诚如神，至仁无敌，四海之内，亲如父子，信之如心眼，如此而天下治。

《三国志·蜀书先生传》中的一句:

勿以恶小而为之，勿以善小而不为。

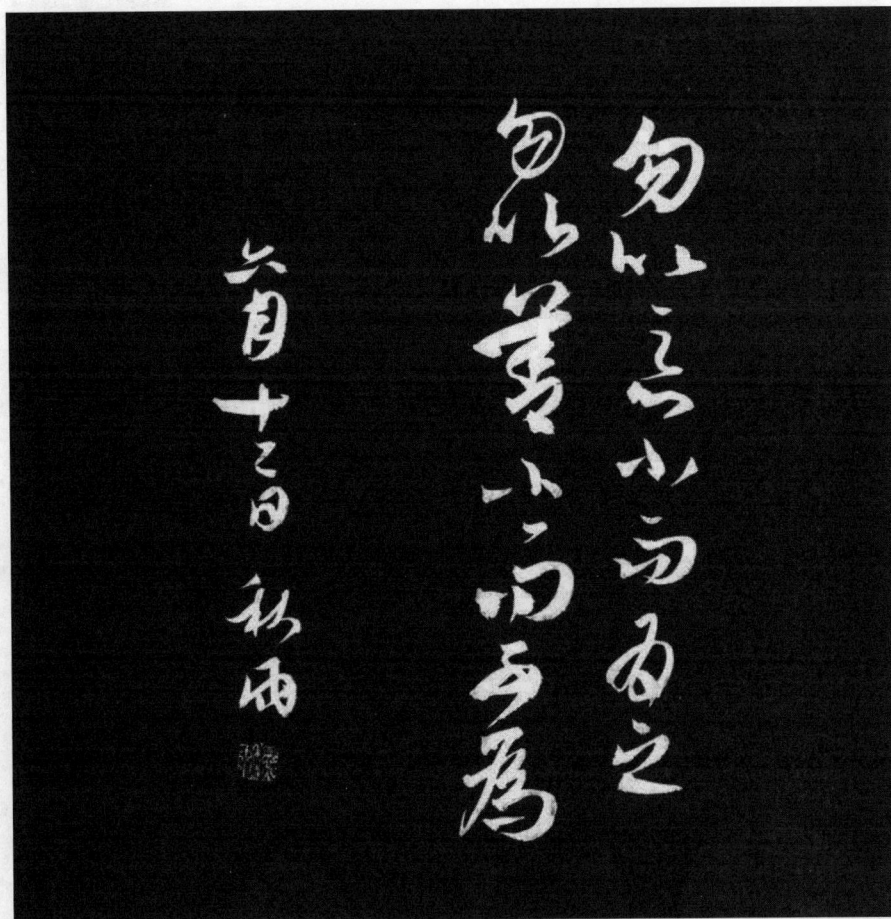

大意是:为人处事即使是小的坏事也不能去做，不能因为好的事小就不去做。

这句话出自《三国志》，是西晋史学家陈寿所著。《魏书》、《蜀书》、《吴书》在北宋时合为一书为《三国志》。它叙事翔实，行文简洁峻朗，有很高的史学价值，而且还有很高的文学价值。思想性很强，育人明理，扬善抑恶，辞多劝诫，忠实地继承了孔孟之道。小恶不为既是对世人的劝诫，也是为人处事应该注意的地方。

陆机《猛虎行》中的一句：

渴不饮盗泉水，热不息恶木荫。

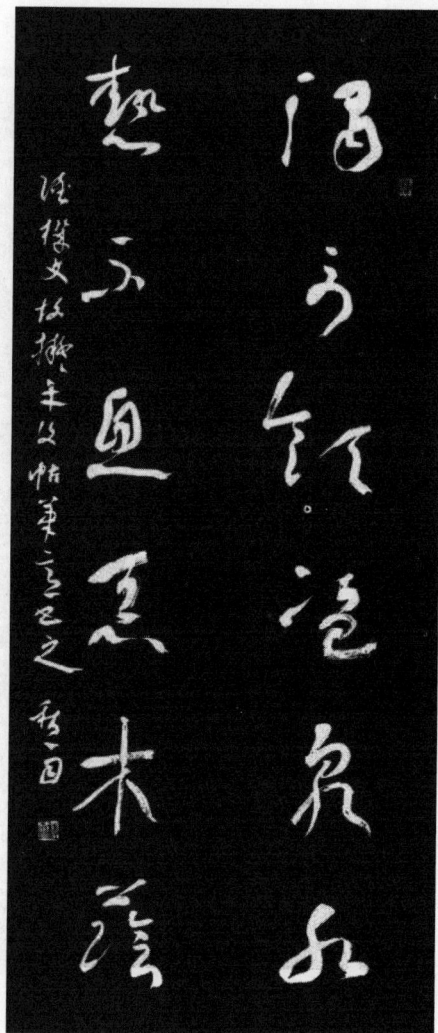

大意是：口在渴也不饮用盗泉中的水，天再热也不到恶木下乘凉。用盗泉水、恶木荫来形容不与污浊相容，表示坚守节操，不污其行。

传说孔子经过盗泉时，因泉名有"盗"字，虽口渴也不饮。白居易有《感鹤》诗"鹤有不群者，飞飞在野田。饥不啄腐鼠，渴不饮盗泉"的名句。《后汉书·列女传》中也有，"妾闻志士不饮盗泉水"之句。中华民族气节在这些诗和句中都有明确的体现，在日常生活中也时时有此气节应对社会上的不正当的邪教或歪风邪气。

魏裔介《琼琚佩语·人品》中的一句：

忠诚敦厚，人之根基也。

魏裔介清顺治三年进士，官吏部尚书、保和殿大学士，太子太傅，乾隆元年追谥文毅。他入阁办理国家大事时年仅四十余岁，须发皆黑，历史上称"乌头宰相"，"清初相业，无出其右者"，后人评价他条陈时事，感言第一，著述甚丰，有《兼济堂文集》传世。在琼剧佩语中记："欲当大事，须是笃实。""一时劝人以口，百世劝人以书。""为人如构室，先须根基坚固，始可承载。忠诚敦厚，人之根基也。"这两句话原出自明朝贾三近之口，魏老先生编入了他的书。"高隐从来思济世，殷勤属我作良臣"，这是魏老的诗句。

"世人若不求利既无害，若不求福即无祸。如能不以衣食自累，而读书厚自堤防，则置身洁白，而与圣贤同归矣。"

苏辙《李之纯阁学士知成都府》中的一句话：

民习礼义，易与为善，难与为非。

　　这句话的大意是：人民学习礼仪，就会多做善事，不作恶事，即为非作歹的坏事。

　　苏辙生平学问深受其父兄影响，以儒学为主，最倾慕孟子而又遍观百家。他擅长政论和史论，在政论中纵谈天下大事，如《新论》（上）说"当今天下之事，治而不至于安，乱而不至于危，纪纲粗立而不举，无急变而有缓病"，分析当时政局，颇能一针见血。《上皇帝书》说"今世之患，莫急于无财"，亦切中肯綮。史论同父兄一样，针砭时弊，古为今用。《六国论》评论齐、楚、燕、赵四国不能支援前方的韩、魏，团结抗秦，暗喻北宋王朝前方受敌而后方安乐腐败的现实。《三国论》将刘备与刘邦相比，评论刘备"智短而勇不足"，又"不知因其所不足以求胜"，也有以古鉴今的寓意。

《论语》中的一句道德名言：

敏于事而慎于言。

这句话的大意是：做事敏捷勤恳，说话要谨慎多思考。

孔子为春秋末期的思想家和教育家、政治家，开创儒学之风，仁学派创始人，是中华文化思想的集大成者，他的哲学思想提倡"仁义"，"礼乐"，"德治教化"，以及"君以民为体"。儒学思想渗入中国人的生活、文化领域中，同时影响了世界上其他地区的一大部分人直到现在。

《老子》论文中的一句名言：

不自见，故明；不自是，故彰，不自伐，故有功；不自矜，故长。

　　不自以为能看见，所以看得分明。不自以为是，所以是非昭彰。不求自己的荣耀，所以大功告成。不自以为大，所以为天下王。

　　老子，姓李名耳，别名老聃，中国春秋时代思想家，著有《道德经》一书，是道家学派的经典著作，他的学说后被庄周发展。老子与后世的庄子并称老庄。《老子》以"道"解释宇宙万物的演变，是中国最伟大的哲学家和思想家之一。他的"四不"辩证，对我们做人做事很有指导意义。

《老子》论文第三十三章中的一句名言：

知人者智，自知者明。

大意是：能了解别人和能自我了解的人是明智的。

老子是我国古代伟大的哲学家、思想家，是道家学派的创始人，被人尊为道祖。被唐朝帝王追认为始祖，是世界百位历史名人之一。

《老子》论文第十九章中的一句道德名言：

见素抱朴，少私寡欲，绝学无忧。

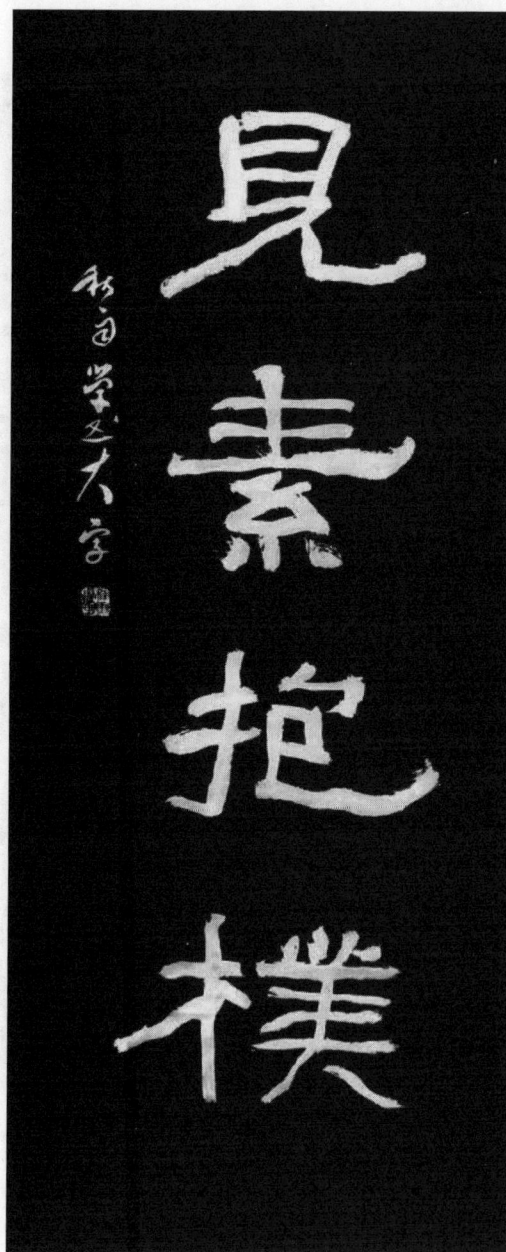

　　大意是：让人们只看到事物原始状态，以保持人们朴素无华的天性；让人们减少利己的私心，以削弱人们对取利的欲望，通过这样教育学习的人就没有什么可忧愁的了。

《慎子·威德》中的一句道德名言：

欲不得干时，爱不得犯法，贵不待逾亲，禄不及逾位。

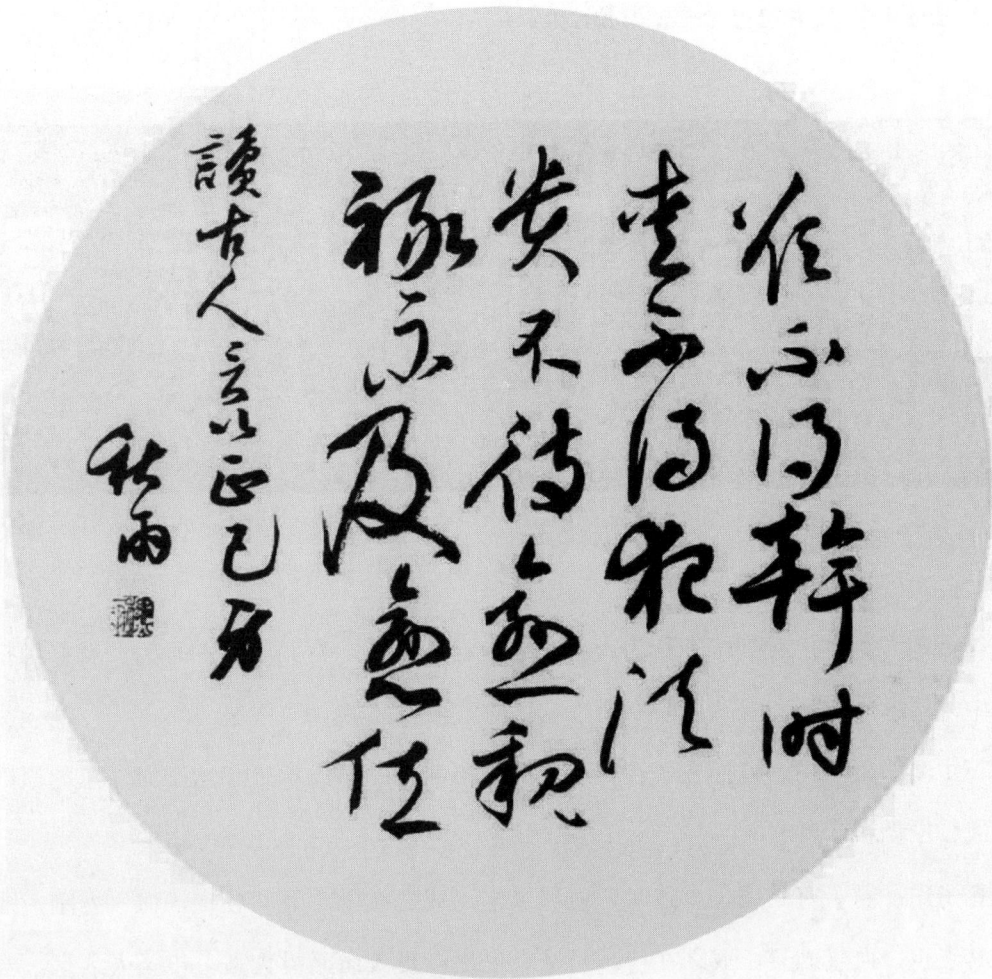

大意是：不能为了个人的欲望而违背时令，不能因为自己的喜好而犯法，对地位高的人不能过度偏爱，俸禄不能超过职位标准。

慎到，赵国人，原来学习道家思想，后从中分出，成为先秦法家代表人物之一。主张立法为公，反对立法为私，"官不私亲，法不遗爱，上下无事，唯法所在。"社会主义核心价值观把法治列在其中，可见法全者，民之命也，为治之本也。

《论语·季氏》中的一句道德名言：

见善如不及，见不善如探汤。

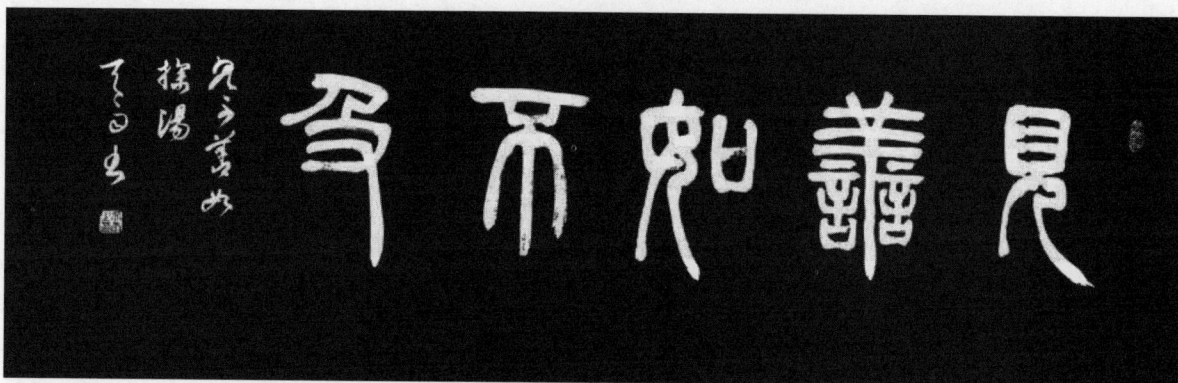

　　这句话的大意是：看到好的行为，就担心自己达不到，看到不好的行为，就好像把手伸到开水中一样赶快避开。

　　本篇主要谈论的问题包括孔子及其学生的政治活动、与人相处和结交时注意的原则、君子的三戒、三畏和九思等。

　　"孔子曰：君子有三戒。少之时，血气未定，戒之在色。及其壮也，血气方刚，戒之在斗。及其老也，血气既衰，戒之在得。君子有三畏：畏天命，畏大人，畏圣人之言。君子有九思：视思明，听思聪，色思温，貌思恭，言思忠，事思敬，疑思问，忿思难，见得思义。"

　　孔子把人的言行举止各方面都考虑到了，他要求自己和学生们一言一行都要认真思考和自我反省，值得我们学习。

《荀子·大略》论文中的几句话：

口能言之，身能行之，国宝也。口不能言，身能行之，国器也。口能言之，身不能行，国用也。口言善，身行恶，国妖也。

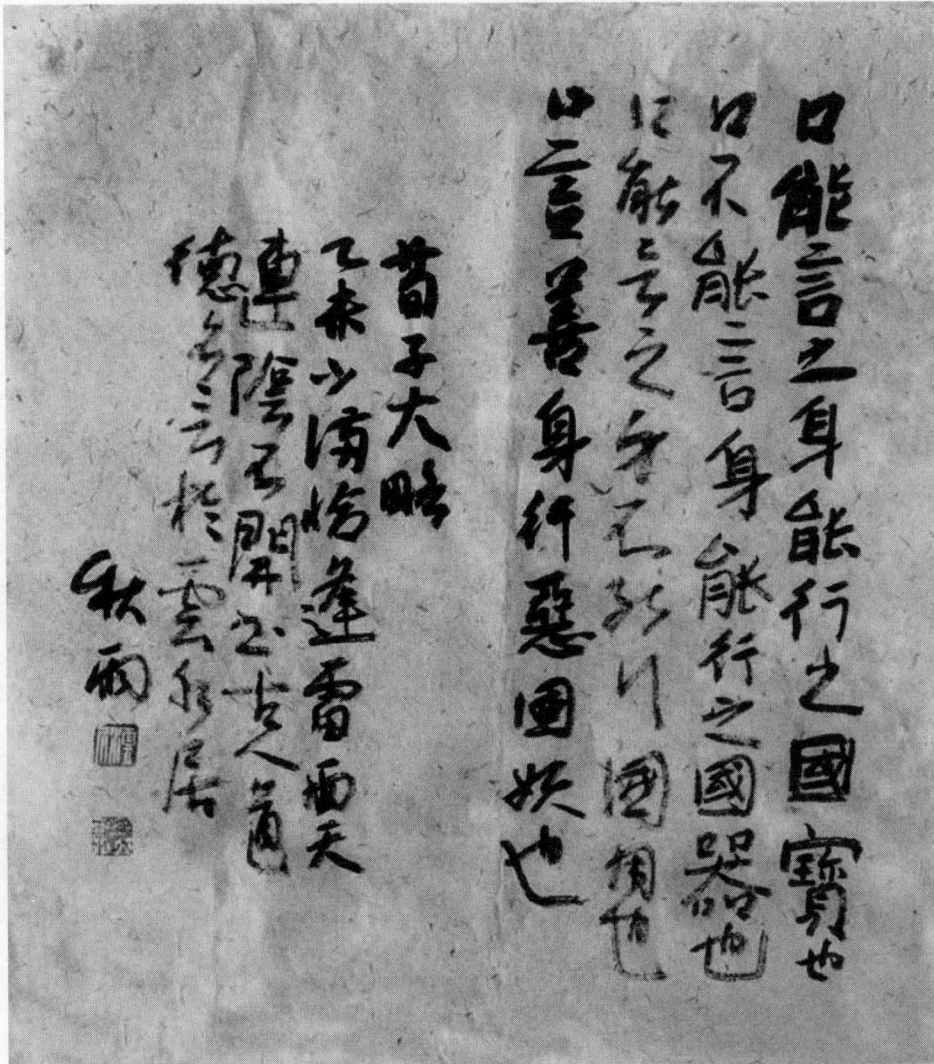

大意是：嘴里能讲出来，又能身体力行，这是国家的珍宝；嘴不能讲，但有实际行动，这是国家的重器；嘴上讲得好，而行动上做不到，还能为国家所用；嘴上说得漂亮，而行动上则为非作歹，这种人，是国家的妖孽。听其言观其行，空谈误国，不可不警惕。

《论语·里仁》中的一句话：

见贤而思齐焉，见不贤而内自省也。

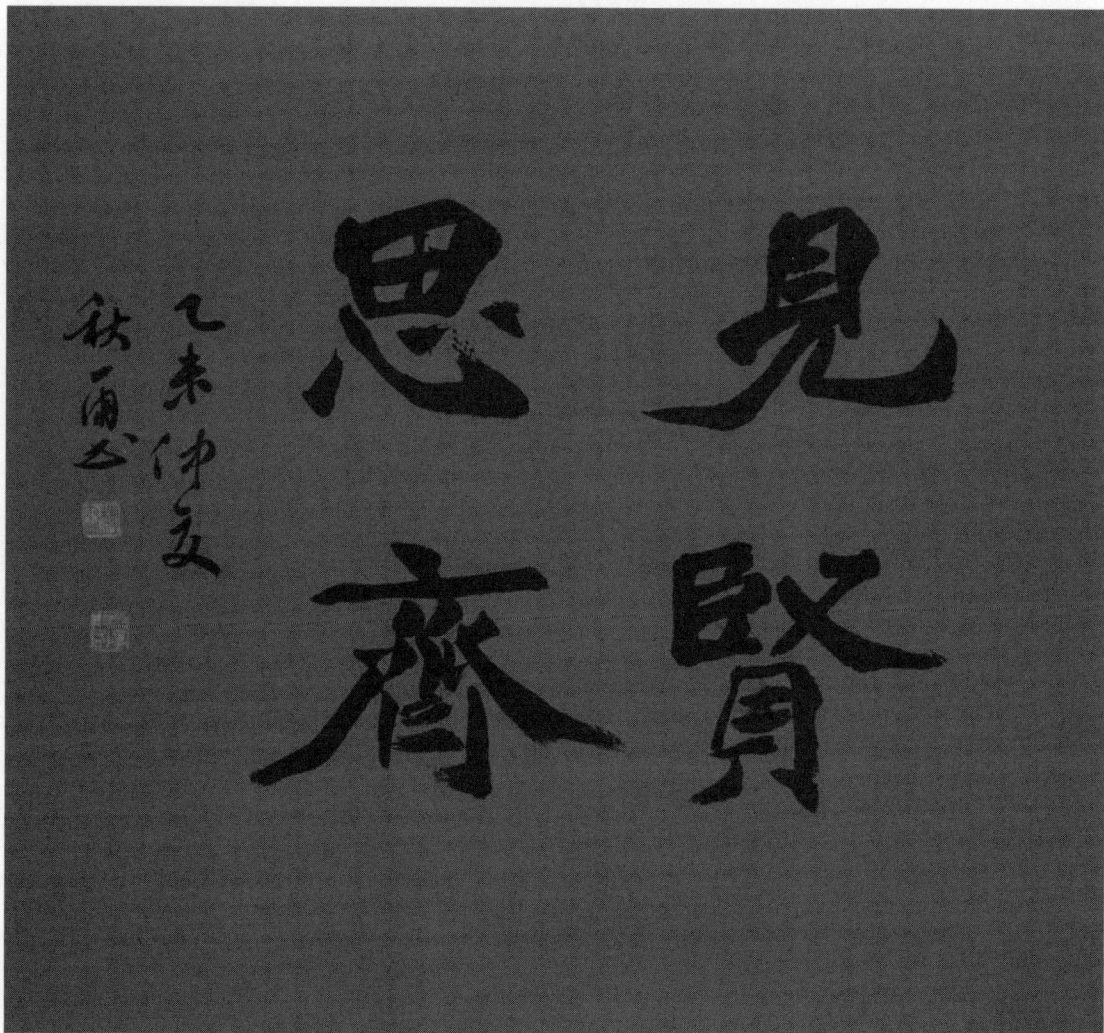

　　这句话的大意是：看见有德行或才干的人就要向他学习，看见没有德行的人，自己的内心就要反省是否有和他一样的错误。

　　《论语》是记载中国古代著名思想家孔子及其弟子言行的语录，由孔子的弟子及其再传弟子编写，是我国古代儒家经典著作之一，是首创语录体。儒家（在春秋战国时期与墨家对立）创始人孔子的政治思想核心是"仁"、"礼"和"中庸"。

《札记·大学》里的一句道德名言：

君子必诚其恶。所谓诚其意，毋自欺也，如恶恶臭，如好好色，此之谓自谦。故君子必慎其独也。

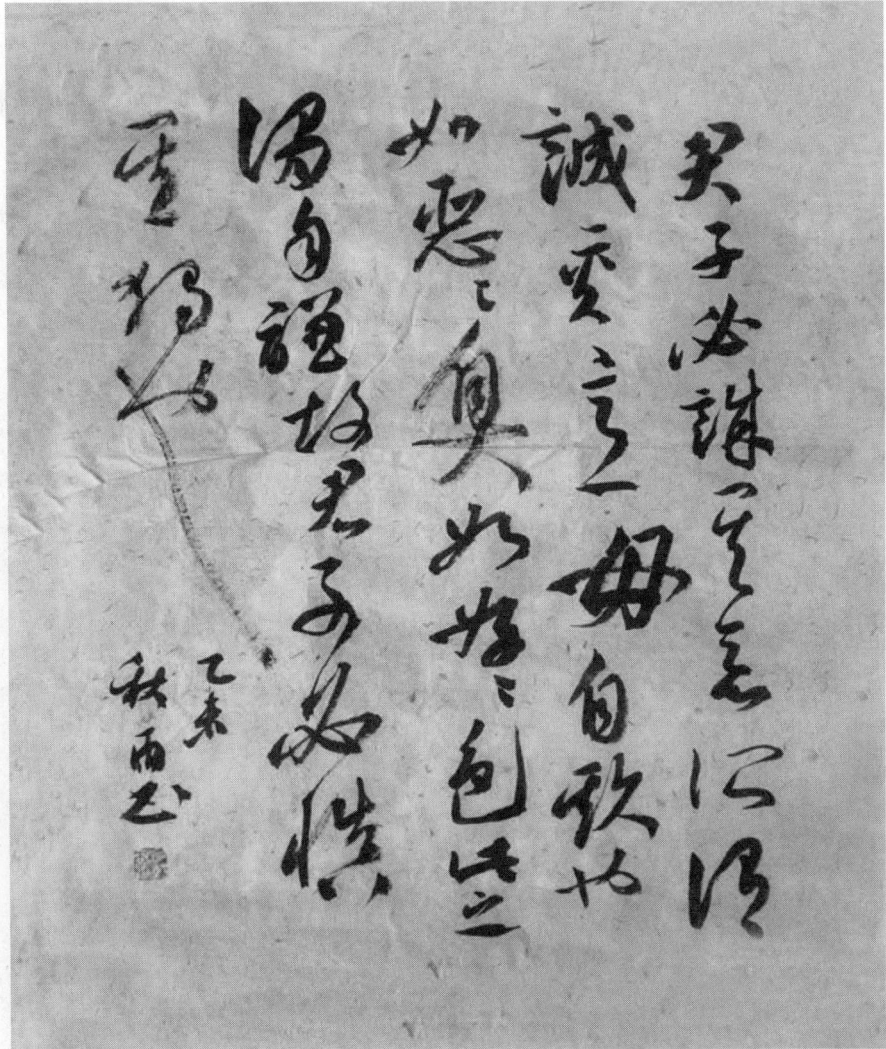

　　这句话的意思是：君子一定要内心诚实。所谓使自己的意念真诚，是指不要自我欺骗，如同讨厌憎恶那污秽的东西，如同喜好美丽的女子，这就称为自我满足。所以君子必须谨慎自己独处的时候。

《孟子·梁惠王上》中的一句道德名言：

老吾老，以及人之老，幼吾幼，以及人之幼。

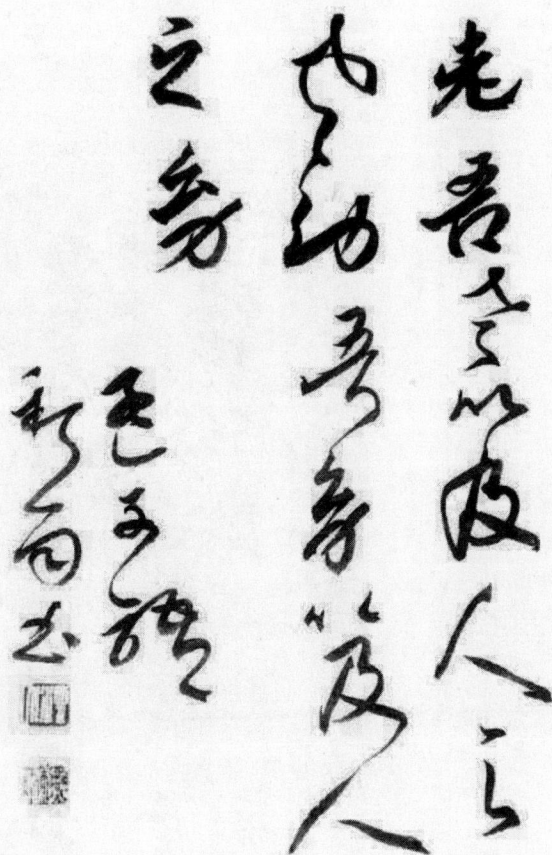

大意是：在赡养孝敬自己的长辈时不应忘记其他与自己没有亲缘关系的老人。在抚养教育自己的晚辈时不应忘记其他与自己没有血缘关系的小孩，就是把别人的老人和孩子当做自己的好好对待。

孟子，名轲，距离孔子的故乡曲阜不远。是著名的思想家、政治家、教育家，孔子学说的继承者，儒家的重要代表人物。著有《孟子》一书，成为仅次于孔子的一代儒家宗师，被世人称为"亚圣"。

《战国·赵策》中的一句名言：

夫制国有常，而利民为本，从政有经，而令行为上。

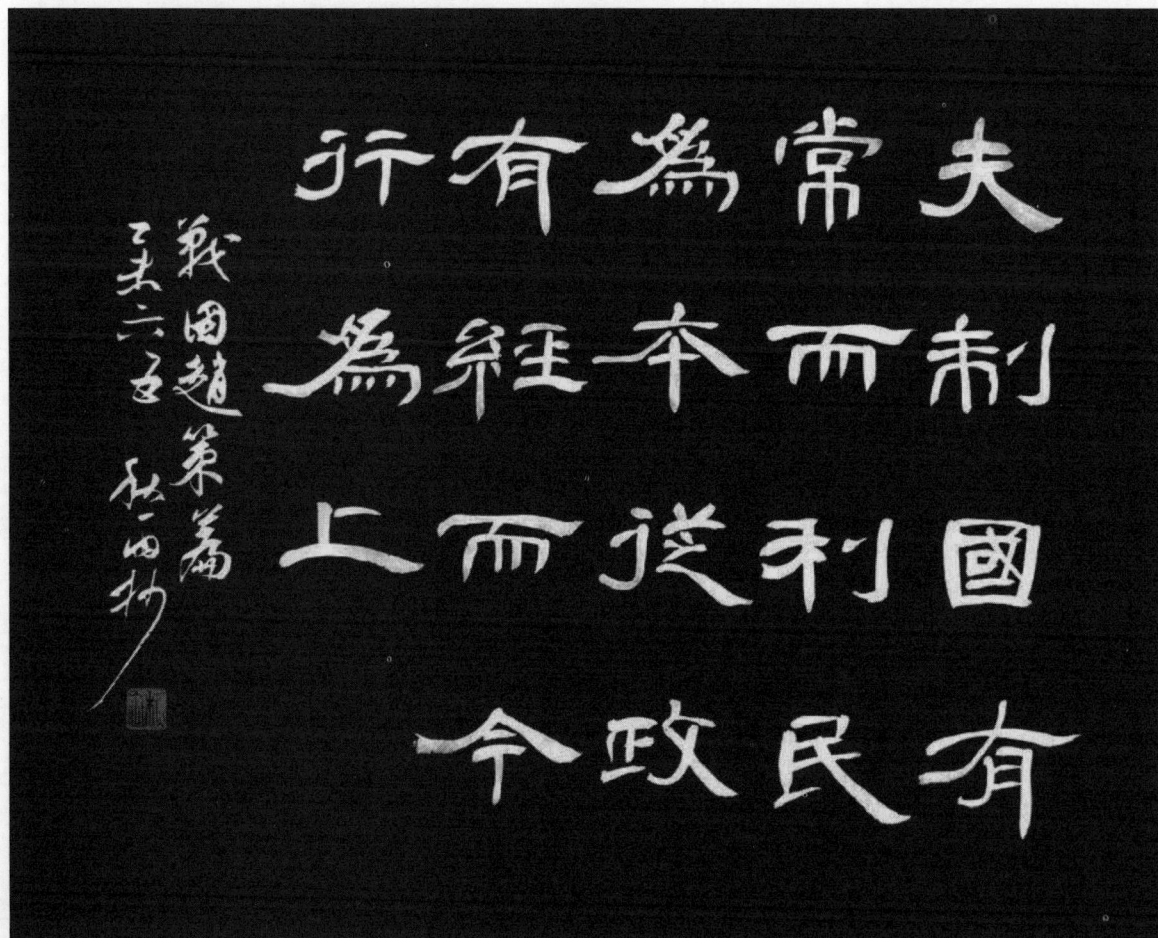

大意是：管理国家自有其规律，那就是以有利于人民为根本；从政也有其规律，那就是以执行法令为最高原则。

《战国策》是中国古代的一部史学名著。西汉时的文献学家刘向根据宫廷所藏零散的史料写本整理而成。

胡宏《知言》中的几句名言：

一身之利无谋也，而利天下者则谋之，一时之利无谋也，而立万世者则谋之。

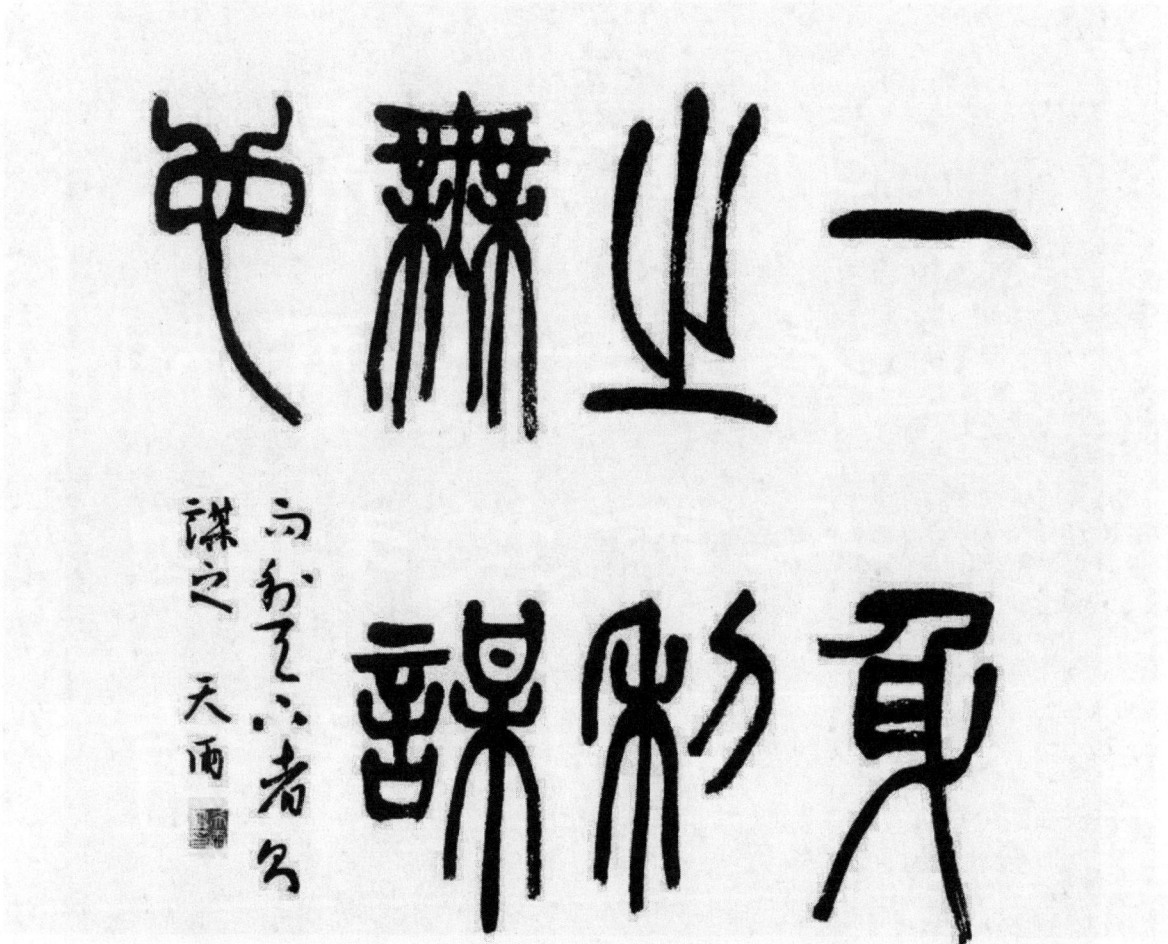

这句话的大意是：自己一人的利益不要去考虑，有利于国家的事情就应该多考虑；一时之间的利益不要去考虑，有利于世世代代的事情就应该去做。

《知言》是南宋学者胡宏的主要学术著作。现存的《知言》包括两部分，一为《知言》的正本，一为南宋学者朱熹辑录的《胡子知言疑义》。

《老子》第三十八章中的一句名言：

大丈夫居其厚，不处其薄，居其实，不处其华。

大意是：大丈夫立身敦厚，不居于浅薄；存心朴实，不居于虚华。

这是多么忠厚的教诲啊！敦厚、朴实这高尚的品德是大丈夫立身处世的根基，不可不牢记。

《论语·为政》中的一句话：

人而无信，不知其可也。

　　这句话的意思是：做人要讲诚信，不讲诚信，还能做好什么事呢？

　　诚信，就是诚实、守信，是做人的本分，即立身、立世之本，是中华民族传统的优秀美德，是一个人在社会上工作、交友的重要因素。

　　中国伟大的思想家、教育家孔子，开创了儒家学派，在历史上产生了深远的影响。他说可以"去兵"、"去食"，而不可失去诚信。几千年来，尽管时代变迁，诚信的精神，始终延续不断，习主席提出和谐价值观，把诚信放在其中，就是要我们继承发扬这一优秀的民族品德。

　　讲诚信、讲道德，诚实做事，诚心做人，言行一致，表里如一，坚守道德规范，是做好人的标准，"以诚实守信为荣，以见利忘义为耻。"这是我们国人的优良的品质。

《论语·公冶长》中的一句道德名言：

始吾于人也，听其言而信其行；今吾于人也，听其言而观其行，于予与改是。

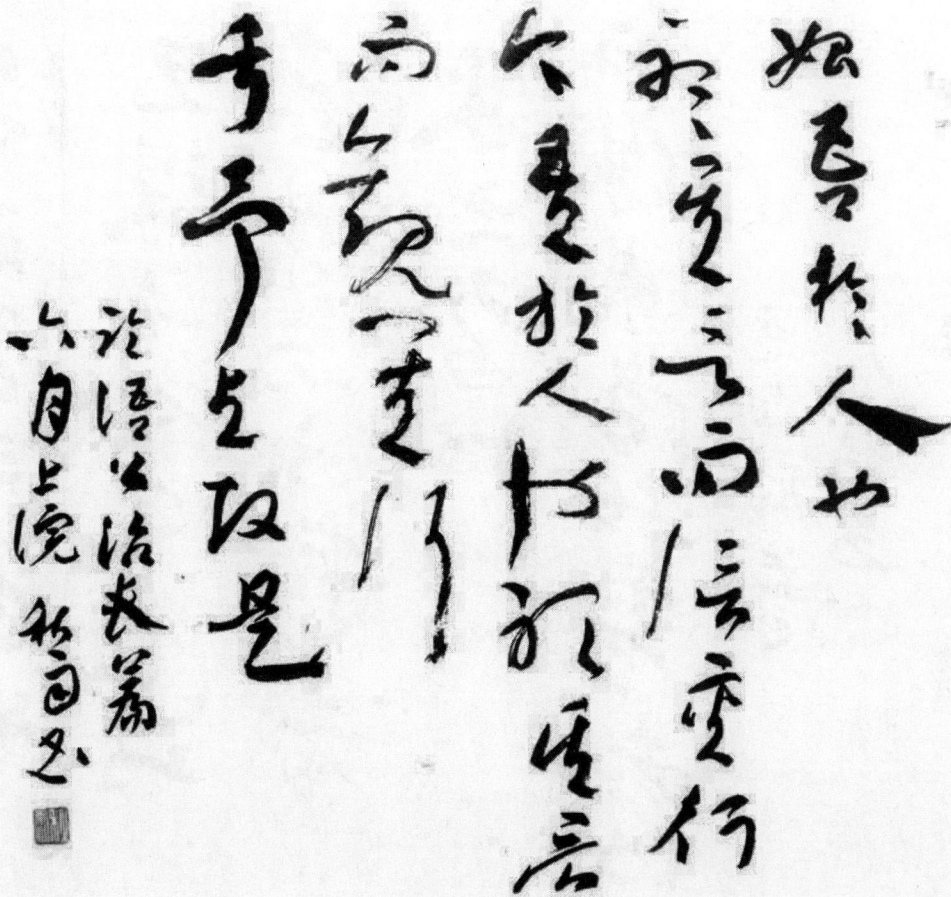

大意是：以前我对人的态度是，只要听到他说的话，便相信他的行为；今天我对人的态度是，听到他说的话，还要考察他的行为，才能相信，对于我来说就改掉这个。"是"的意思是这，这个。

《孟子·离娄上》中的几句名言：

诚者天之道也，思诚者人之道也。至诚而不动者，未之有也；不诚，未有能动者也。

诚信是自然的规律，追求诚信是做人的规律。极端真诚而不能使别人感动，这是未曾有过的；不真诚，是不能感动别人的。

《孟子·尽心上》中的一句名言：

反身而诚，乐莫大焉。

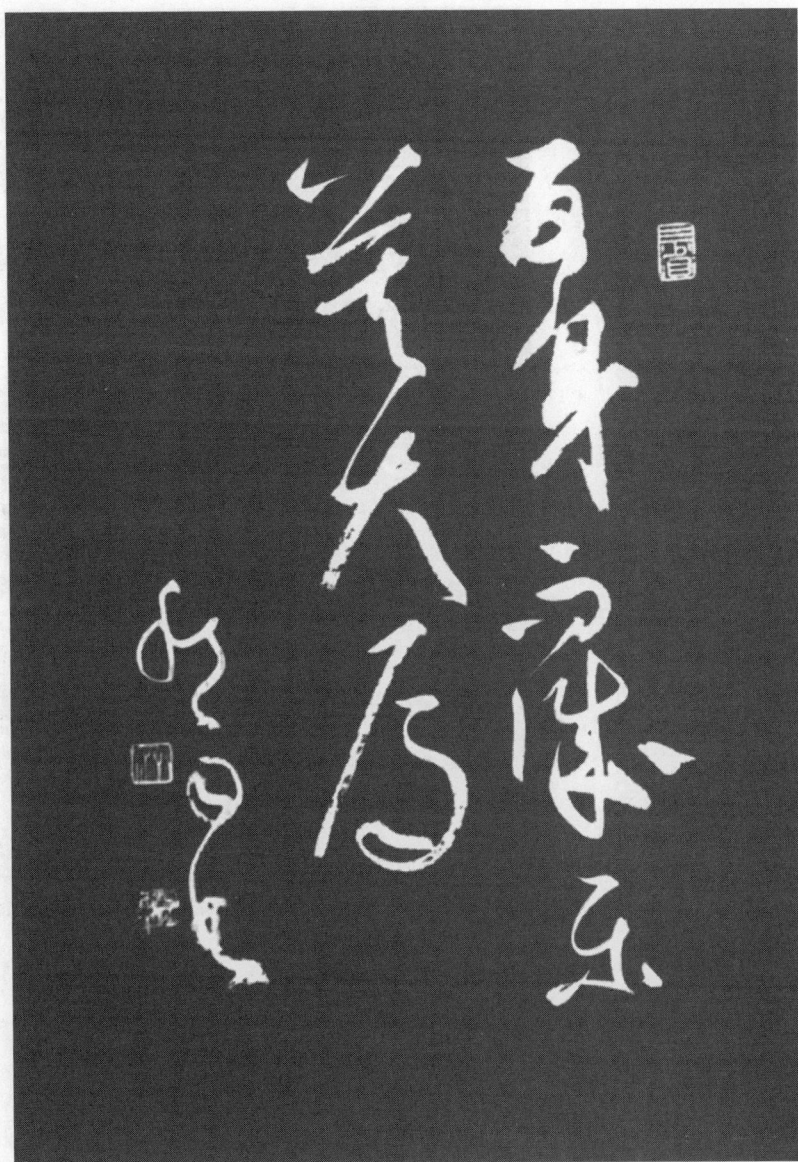

大意是：反省自己，所具备的忠实、诚信是实实在在存在的，没有比这更快乐的了。

这是非常高尚的品德，古人有这种思想境界的真可谓是贤人了。

岑参《送人赴安西》中的一句名言：

小来思报国，不是爱封侯。

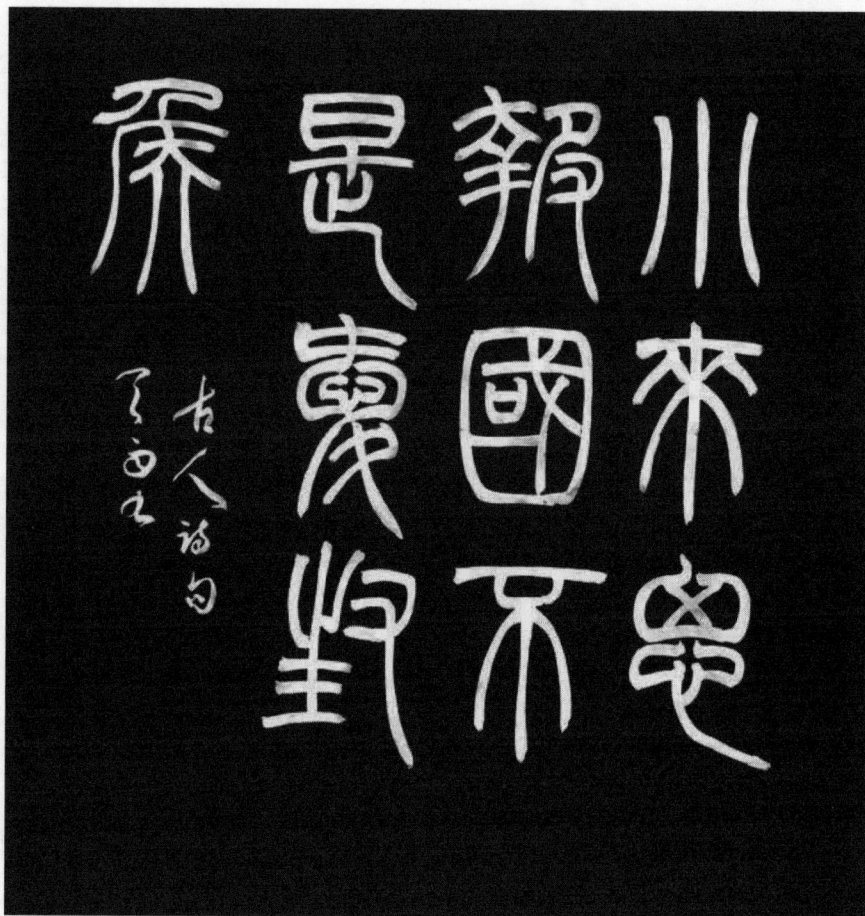

大意是：从小立志报效国家，而不是为了高官厚禄。

此是唐代诗人岑参创作的一首送朋友赴边疆卫国驱敌的诗。此诗充满着祝愿友人早日凯旋的殷切之情，洋溢着从小立志报效国家，而不是为了高官厚禄的高尚的爱国主义情操，非常可贵。

全诗：上马带吴钩，翩翩度陇头。

小来思报国，不是爱封侯。

万里乡为梦，三边月作愁。

早须清黠虏，无事莫经秋。

《礼记·表记》中的一句名言：

口惠而实不至，怨灾及其身。

　　这句话的意思是：空口答应给人好处而实际做不到，就会招致被怨恨的灾祸。

　　《礼记》，西汉戴圣对秦汉以前汉族礼仪著作加以辑录，编纂而成，共49篇。是战国以后及西汉时期社会的变动，包括社会制度、礼仪制度和人们观念的继承和变化。它阐述的思想，包括社会、政治、伦理、哲学、宗教等各个方面，其中《大学》、《中庸》、《礼运》等篇有较丰富的汉族哲学思想。"到唐代，礼有周礼、仪礼、礼记，春秋有左传、公羊、穀梁，加上论语、尔雅、孝经，这样是十二经，后人又增入孟子，于是定型为十三经"，为士者必读之书。

《荀子》中的一句道德名言：

君子养心莫善于诚。

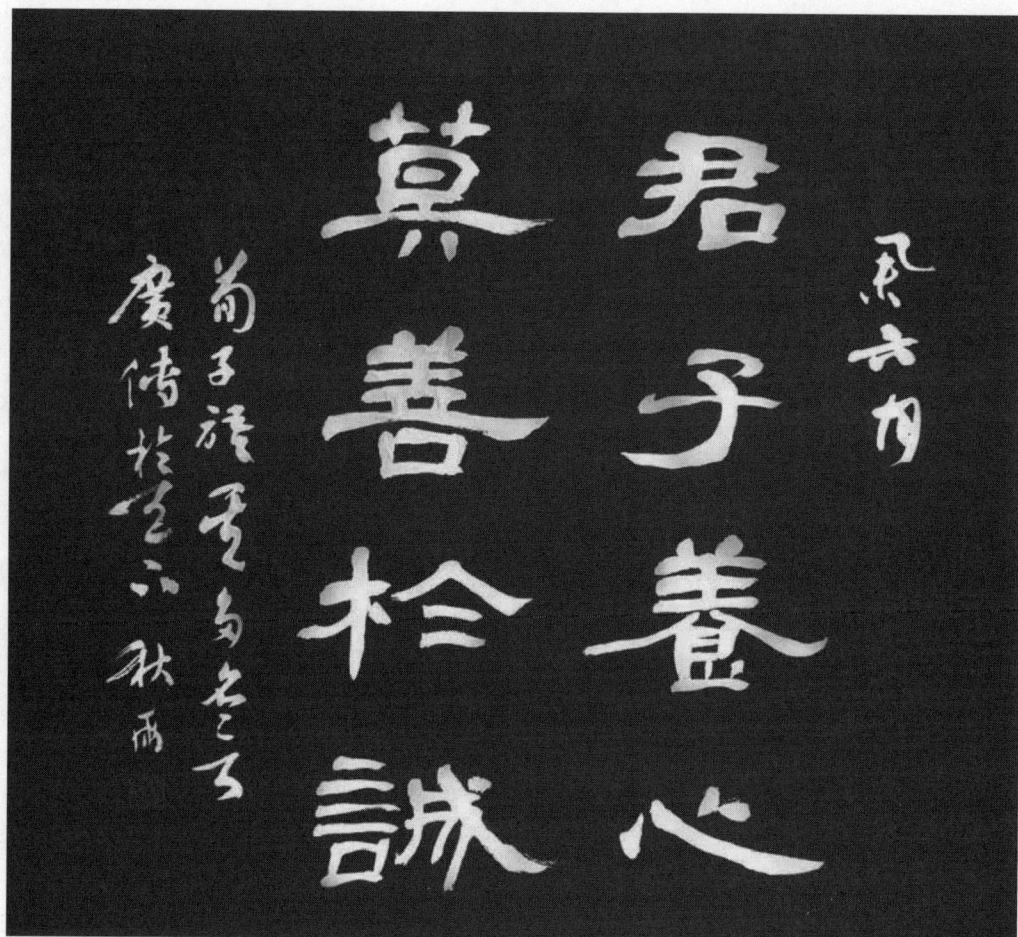

大意是：君子保养身心没有比真诚更好的了。

荀子的名言很多，摘录如下：道存则国存，道亡则国亡。——《君道》仁者爱人，义者循理。——《议兵》君人者，欲安，则莫若平政爱民矣；欲荣，则莫若隆礼敬士矣；欲立功名，则莫若尚贤使能矣。是君人者之大节也。——《王制》

《荀子》中的一句道德名言：

夫诚者，君子之所守也，而政事之本也。

真诚，是君子的操守，治国的根本。君子养心莫善于诚，诚者天之道也，诚之者人之道也。

司马迁的一句话：

不别亲疏，不殊贵贱，一断于法。

大意是：不分亲疏，不分贵贱的差别，一切用法律来判断。

法令者，民之命也，为治之本也，社会主义核心价值观把法治列在其中是非常必要的，以法治国则乱臣贼子惧。

《论语·为政》中的一句道德名言：

道之以政，齐之以刑，民免而无耻；道之以德，齐之以礼，有耻且格。

这句话的大意是：子曰，用政令来治理百姓，用刑法来整顿他们，老百姓只求能免于犯罪受惩罚，却没有廉耻之心；用道德引导百姓，用礼制去教化他们，百姓不仅会有羞耻之心，而且有归服之心。

我们国家的社会主义核心价值观就是贯穿着中华优秀传统道德的精神命脉，以德理育人，民心归服。

《商君书·弱民》中的一句名言：

背法而治，此任重道远而无马牛，济大川而无船楫也。

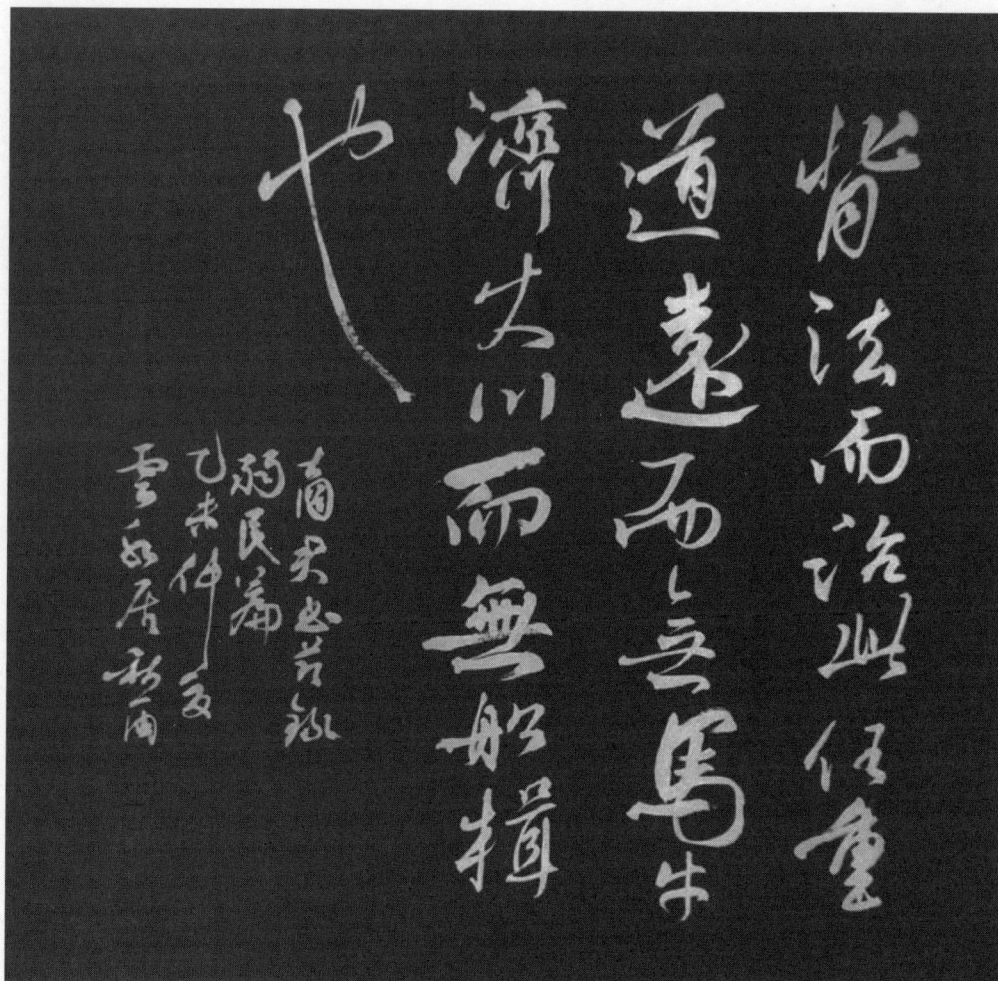

大意是：国家要修明法度，违背法律来治理国家，好比要把很重的东西运送到很远的地方去而没有车马，也好比要渡过大江大河而没有船只。说明了法治的重要性。

《商君书》非一人编撰，商鞅变法治国，道不拾遗，山无盗贼，秦民大悦。文字虽然不多，但内容庞杂，其中涉及经济、政治、军事、法治等等诸多重大问题，可谓洋洋大观。

《韩非子·外储说左上》中的一句话：

小信成则大信立，故明主积于信。赏罚不信，则禁令不行。

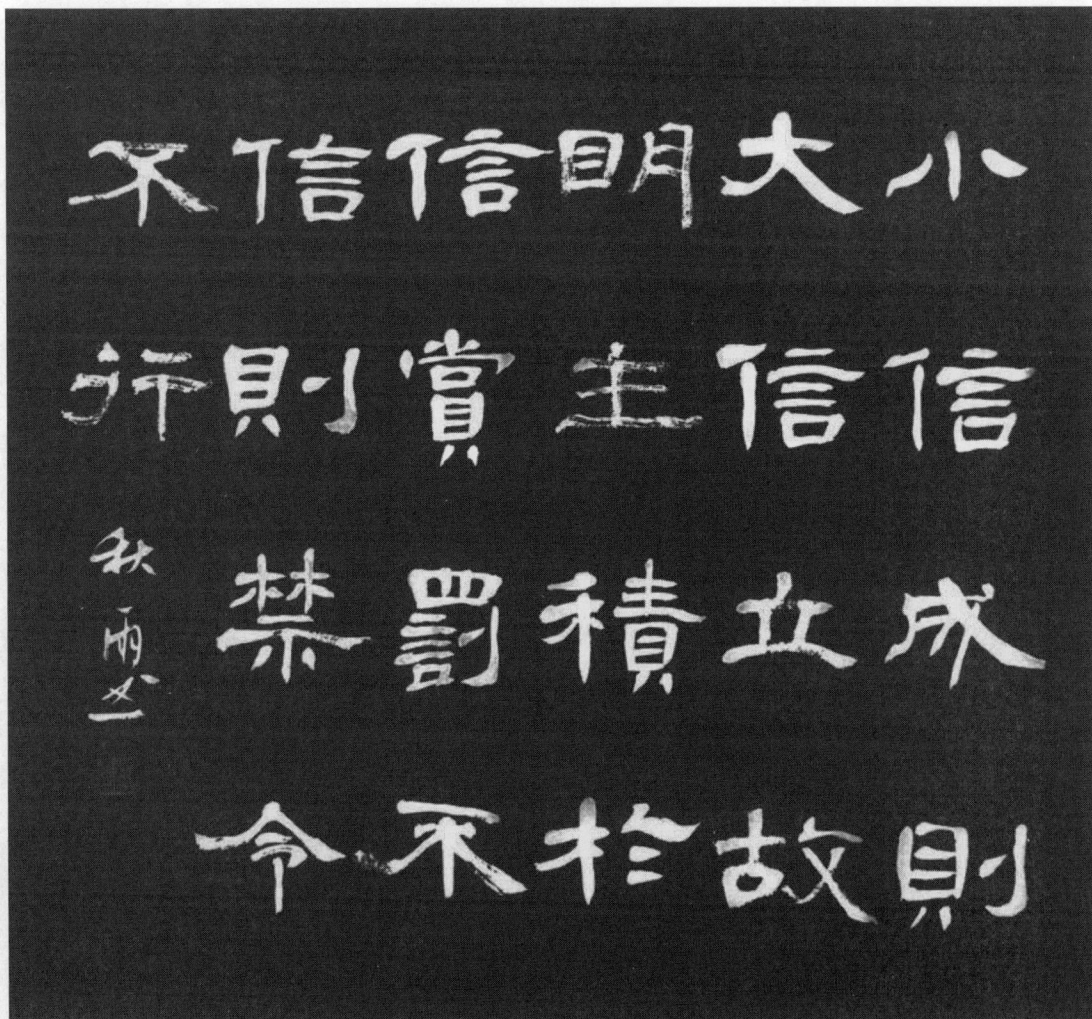

　　这句话的大意是：讲小信用，大信用也就会逐渐确立起来，所以英明的君主是在不断地积累信用中产生的。赏罚不讲信用的话，那么法令禁规就无法推行。

　　韩非为韩国公子（即国君之子），是中国古代著名的哲学家、思想家，政论家和散文家，法家思想的集大成者，后世称"韩子"或"韩非子"，中国古代著名法家思想的代表人物。

《韩非子·有度》中的几句话：

法不阿贵，绳不挠曲。法之所加，智者弗能辞，勇者不敢争。刑过不避大臣，赏善不遗匹夫。

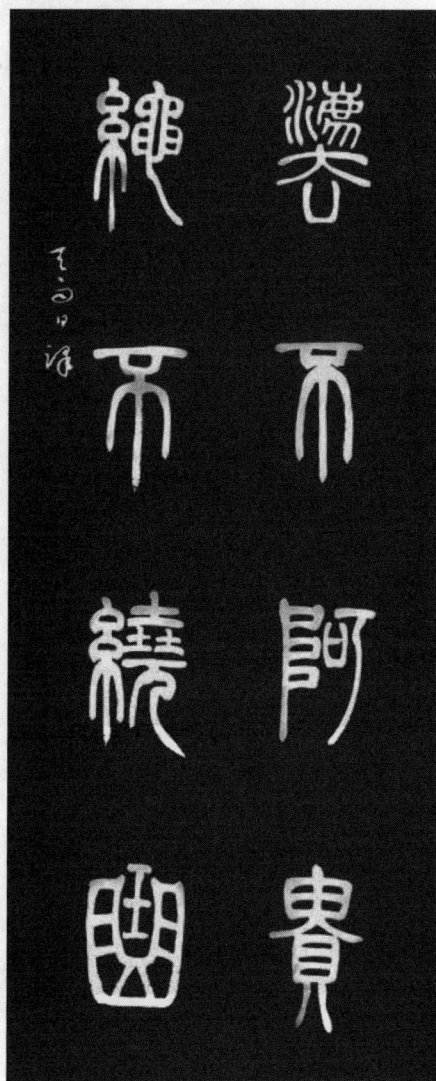

这句话的意思是：法不偏袒权贵，法律的准绳决不能屈从于邪恶，就像木匠用的墨线决不会同弯曲的木料一样。应该受到法律制裁的人，即使他有才智也不能用言辞来辩解、搪塞，即使他英勇无比也不敢用武力来抗争。惩罚罪过不回避权贵大臣，奖赏善行不遗忘百姓，可谓修明法度，赏罚分明。

《孟子·尽心上》中的一句名言：

穷则独善其身，达则兼善天下。

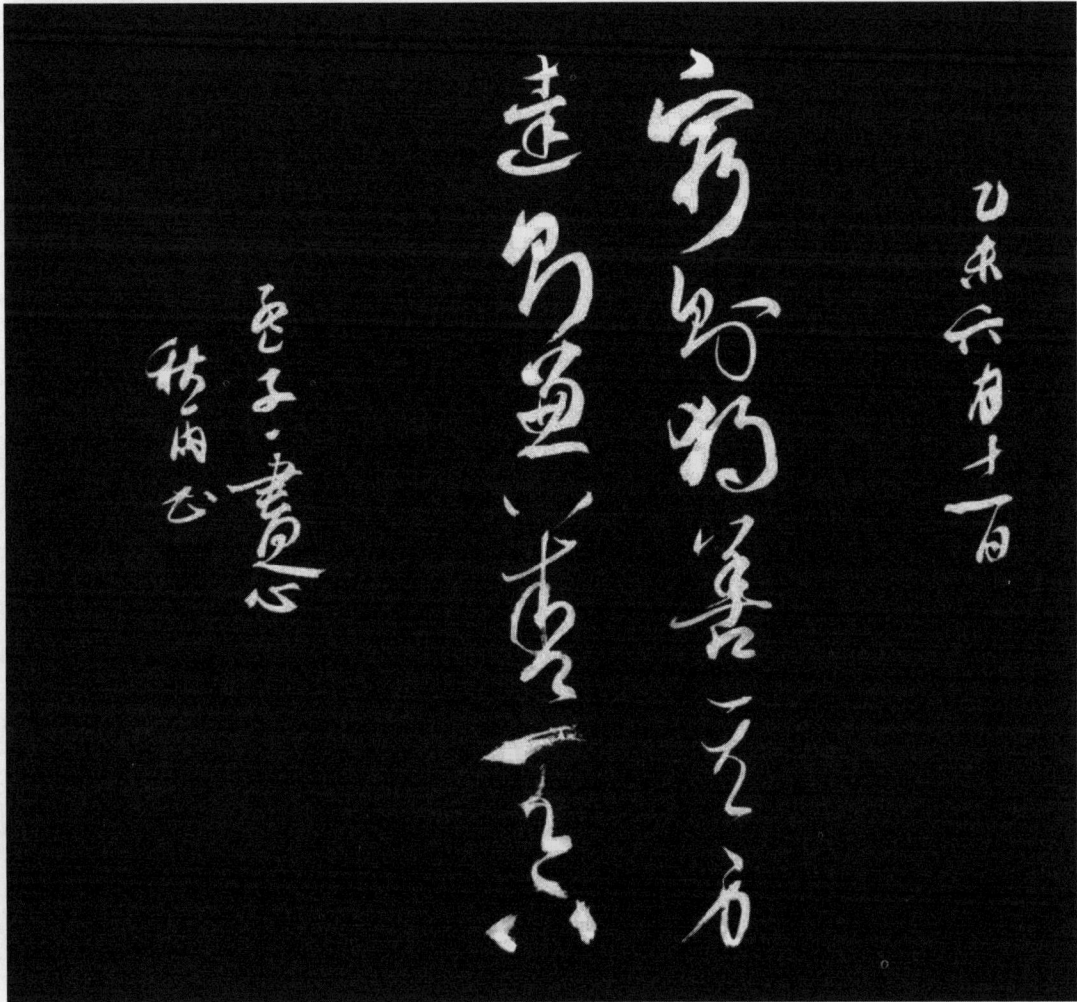

　　这句话的意思是：在不得志时就洁身自好修养个人品德，得志时就使天下百姓都能得到好处。

刘备的一句话：

惟贤惟德，能服于人。

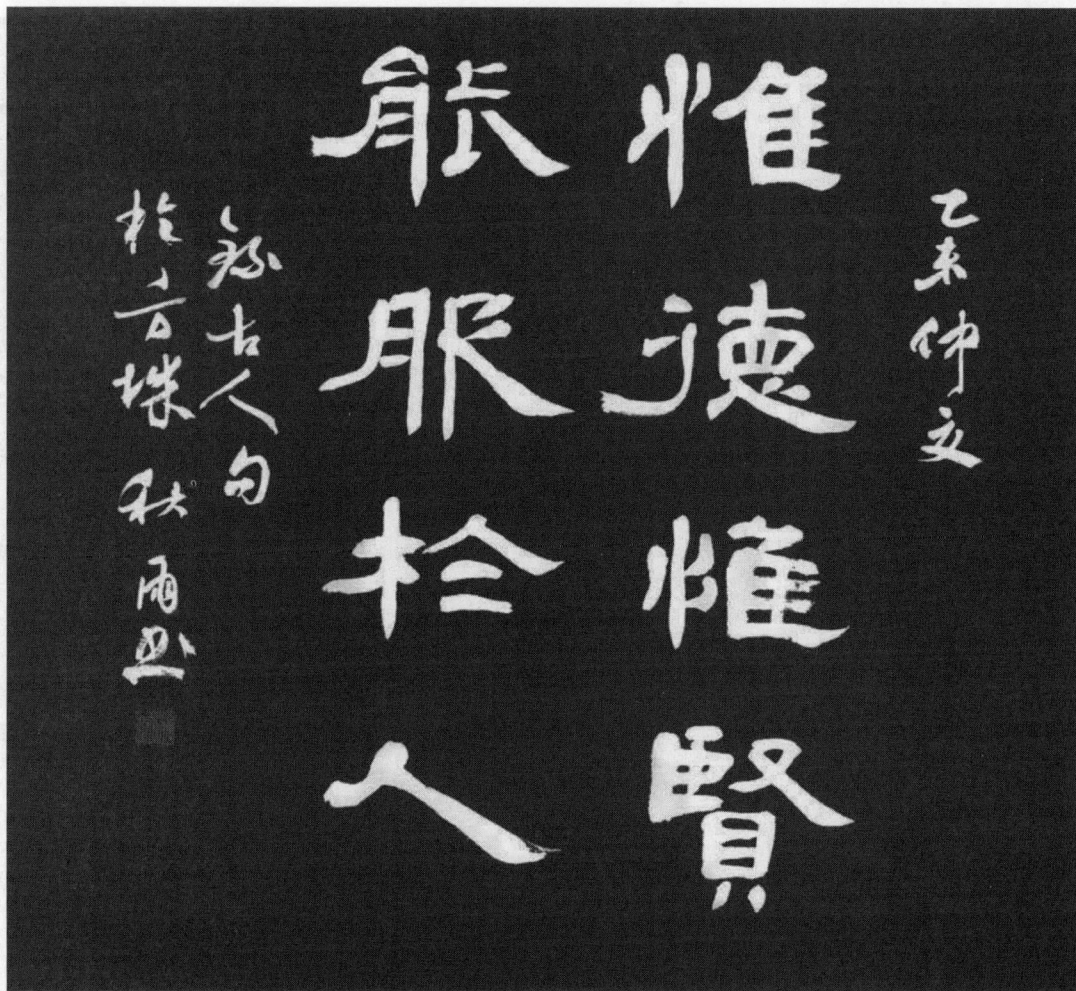

　　大意是：只有贤德的才能，才能让人佩服和臣服。

　　刘备，字玄德，三国时期蜀汉开国皇帝，他为人谦和、礼贤下士，宽以待人，志向远大，知人善用，素以仁德，为世人称赞，是三国时期著名的政治家。

张衡的几句名言：

不患位之不尊，而患德之不崇；不耻禄之不伙，而耻智之不博。

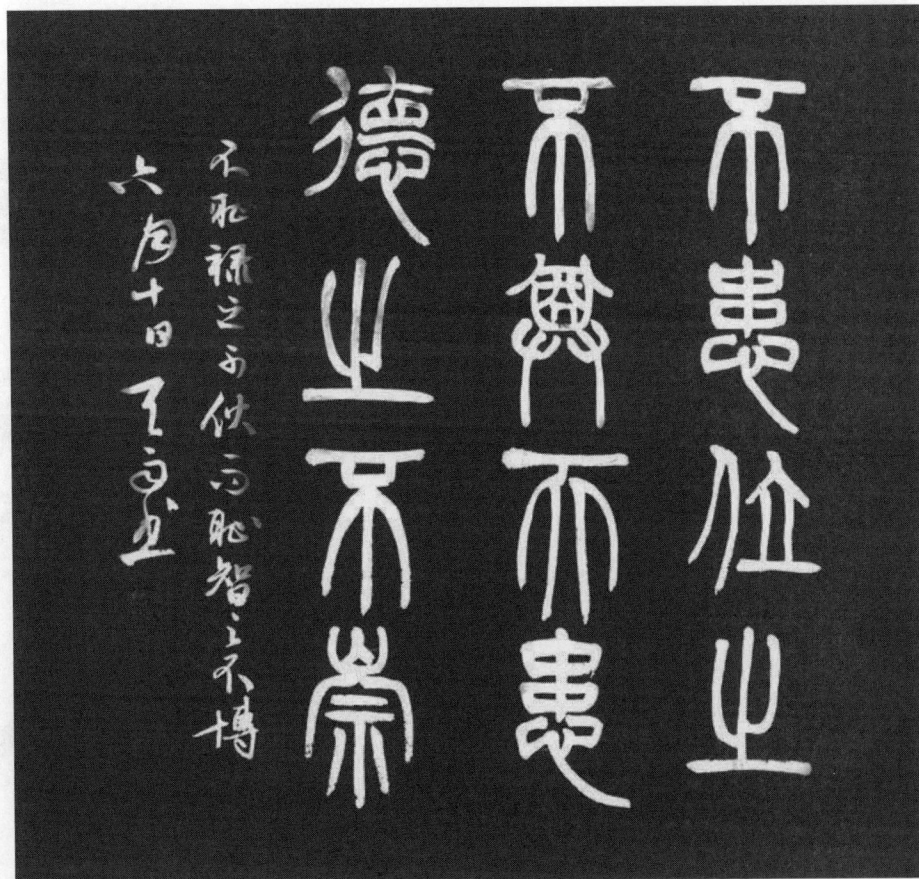

大意是：不担心职位不高，而应该想想自己的道德是不是高尚；不以自己收入不高而感到耻辱，而应该想想自己的学识够不够渊博。

张衡，字平子，衡少善属文，游于三辅，入京师，观太学，遂通五经，贯六艺。才高于世，而无骄尚之情。常从容淡静，不好交接。拟班固《两都》作《二京赋》，因以讽谏。精思傅会，十年乃成。他也是东汉时期伟大的天文学家，为中国天文学、机械技术、地震学的发展作出了不可磨灭的贡献；他观测记录了两千五百颗恒星，创制了世界上第一架能比较准确地表演天象的漏水转浑天仪，第一架测试地震的仪器——候风地动仪，还制造出了指南车、自动记里鼓车、飞行数里的木鸟等等，如此全面发展之人物，在世界史中亦所罕见，是我国伟大的发明家，科学家。

诗人陆游的一句话：

位卑未敢忘忧国。

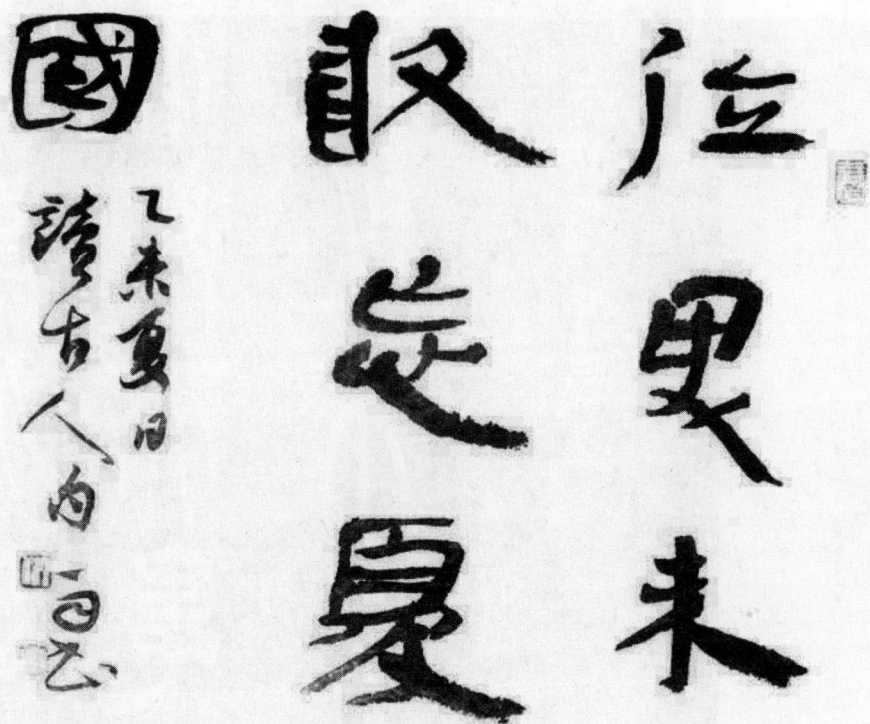

这句话的大意是：地位低也不敢忘记为国家担忧。

陆游一生创作诗歌很多，今存九千多首，内容极为丰富。抒发政治抱负，反映人民疾苦，批判当时统治集团的屈辱投降，风格雄浑豪放，表现出渴望恢复国家统一的强烈爱国热情。

全诗是"病骨支离纱帽宽，孤臣万里客江干。位卑未敢忘忧国，事定犹须待阖棺。天地神灵扶庙社，京华父老望和銮。出师一表通今古，夜半挑灯更细看。"——《病起书怀》

文天祥的一句名言：

人生自古谁无死，留取丹心照汗青。

人总是要死的，但死的意义不同，或重于泰山，或轻于鸿毛。留下一颗赤诚的丹心光照青史。

全诗：辛苦遭逢起一经，干戈寥落四周星。

山河破碎风飘絮，身世浮沉雨打萍。

惶恐滩头说惶恐，零丁洋里叹零丁。

人生自古谁无死？留取丹心照汗青。

这句诗激励了一代又一代爱国志士和人民，舍生取义，视死如归，堪为气贯长虹，启迪后世的名句。

顾炎武的一句名言：

天下兴亡，匹夫有责。

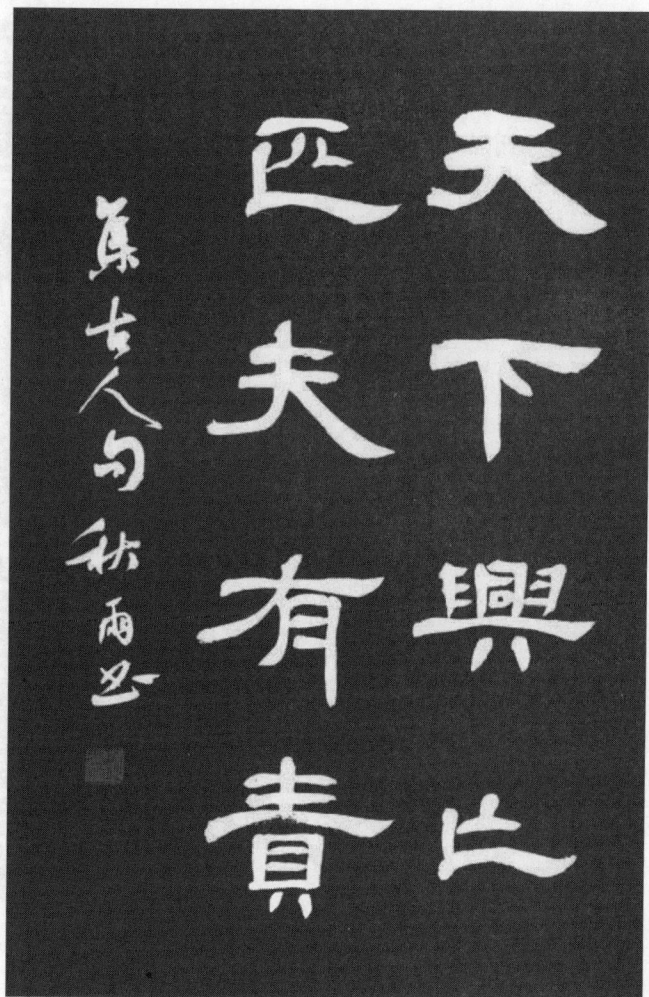

天下大事的兴盛、灭亡，每一个老百姓都有义不容辞的责任。

顾炎武是明末清初著名的思想家、学者，平生不做无益之文，主张"文不苟作"，"须有益于天下"；治学强调"经世致用"，反对空谈，注重实地考察。他一生著述宏富，在地理、金石、音律上都有建树，所著《肇域志》、《天下郡国利病图》、《金石文字记》、《音学五书》等书都具有很高的学术价值。代表作《日知录》较为系统阐述了他在哲学、政治、经济学等方面的观点。

大文豪朱熹的一句名言：

专心致志，以事其业。

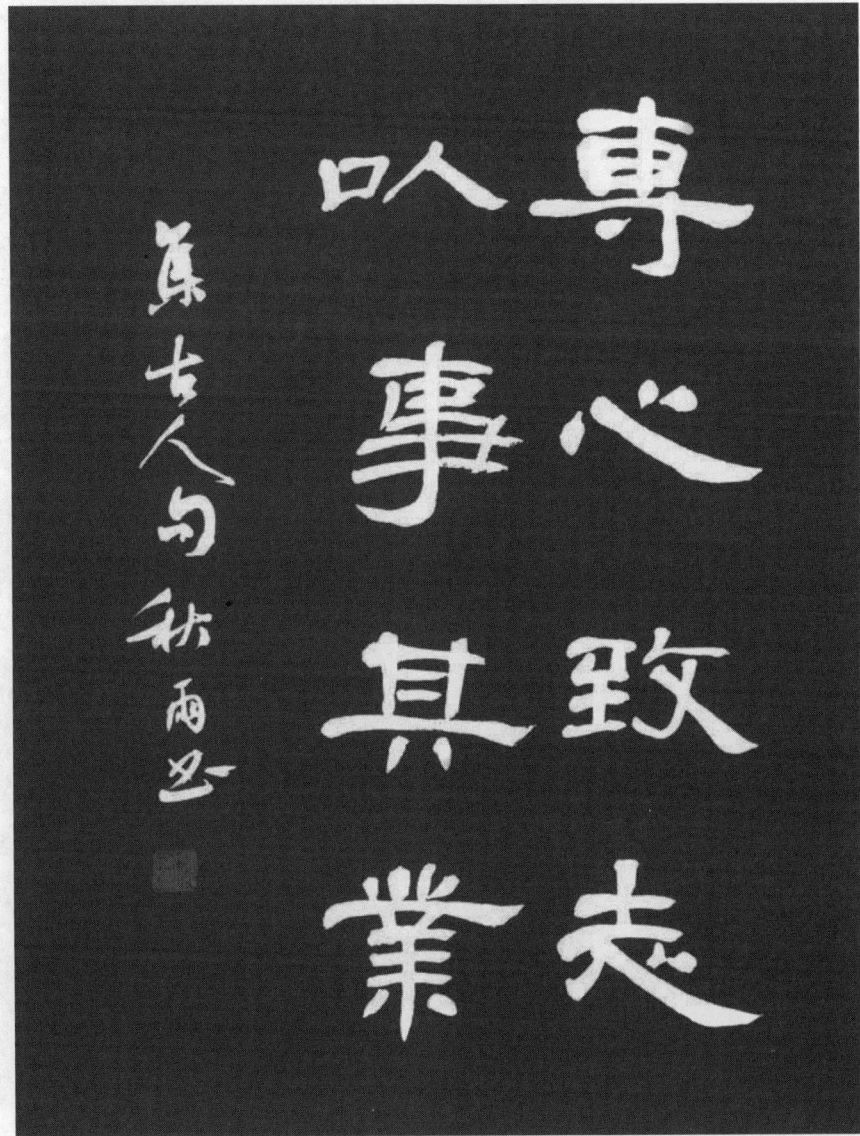

集古人句 秋雨芷

这句话的意思是：专心致志、严肃认真、勤奋努力地对待自己的事业。即是和谐价值观中的敬业。民不敬业，国不能富，人不从业，无业游民，必乱其世，盗抱由生。所以提倡居处要恭，执事要敬，为人要忠，爱国敬业。

《论语·子路》中的几句名言：

居处恭，执事敬，与人患，虽之夷狄，不可弃也。

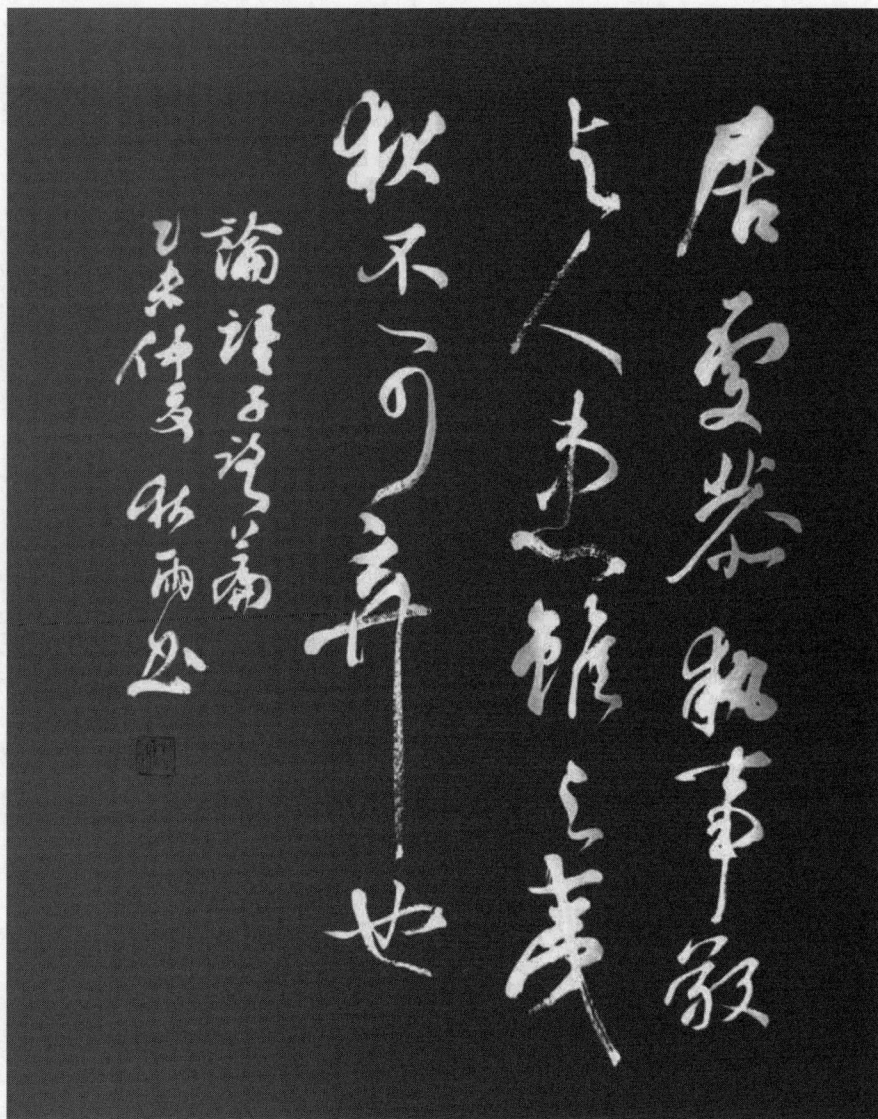

日常生活保持谦恭的态度，做事情认真，与人相处要真诚。即使到了边远的蛮夷之地，也不能丢弃这几条。

本篇包含的内容比较广泛，其中有关于如何治理国家的政治主张，是孔子主张的教育思想和个人的道德修养与品格完善的要求。

荀子的一句话：

> 与人善言，暖于布帛；伤人以言，深于矛戟。

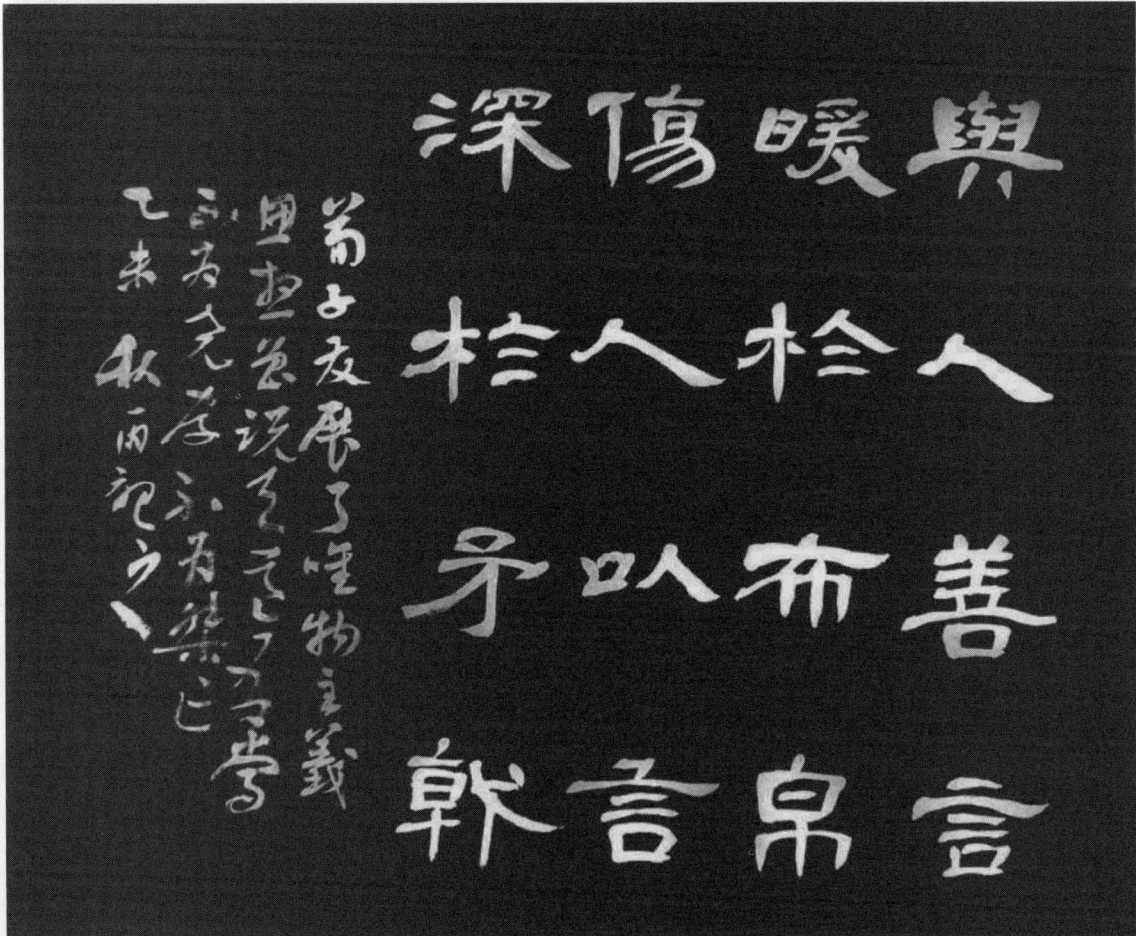

　　大意是：一句善意的话语，会使人倍觉温暖；而一句讽刺、挖苦、打击的话，哪怕是出于无心，也是对人家自尊心、自信心的伤害，会使人羞愧和痛苦，比矛戟伤害别人还要厉害。

《孟子·公孙丑上》中的几句话：

取诸人以为善，是与人为善者也。故君子莫大乎与人为善。

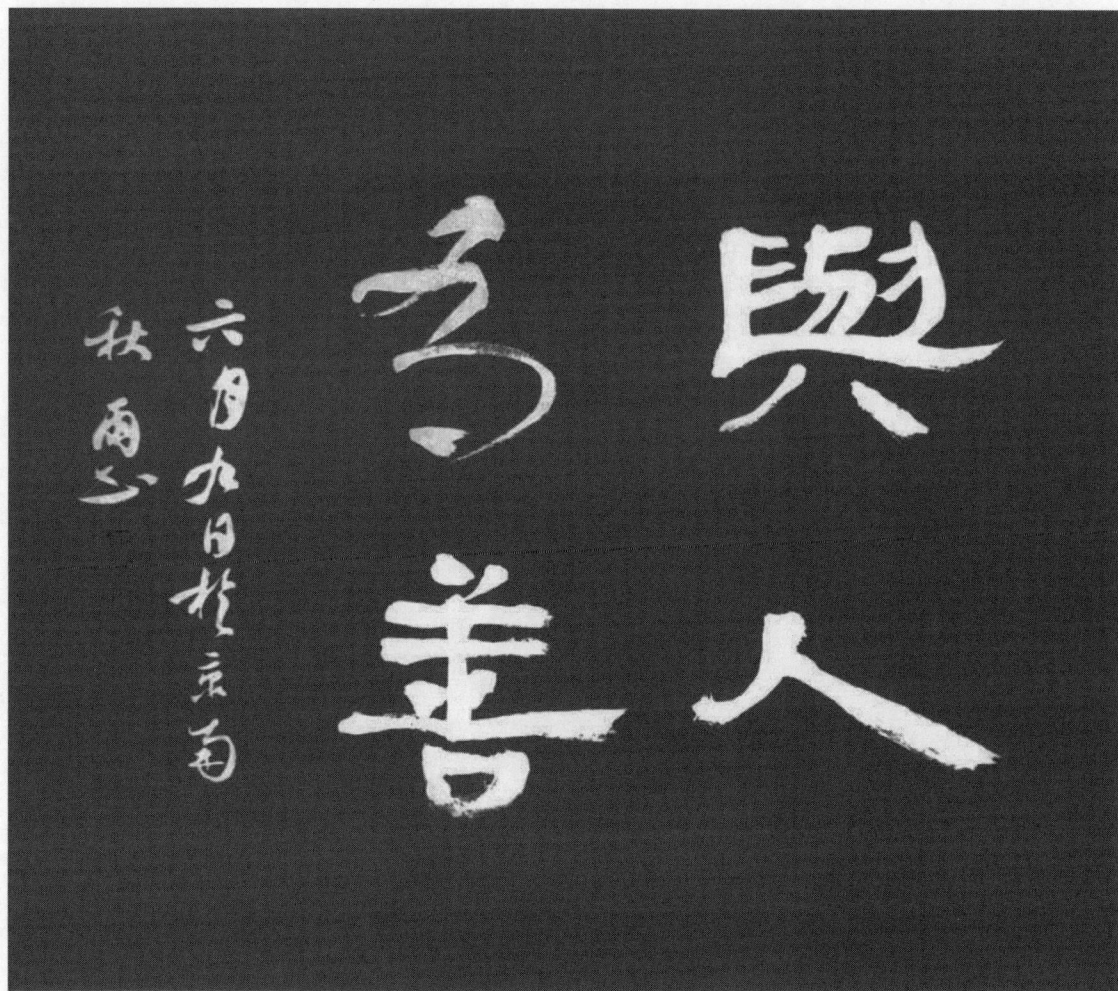

　　大意是：吸取别人的优点来完善自己，这就是同别人一起行善。所以君子最了不起的就是同别人一起行善。所以社会主义核心价值观把友善列入其中。

谢觉哉的一句名言：

不是不能见义，怕的是见义而不勇为。

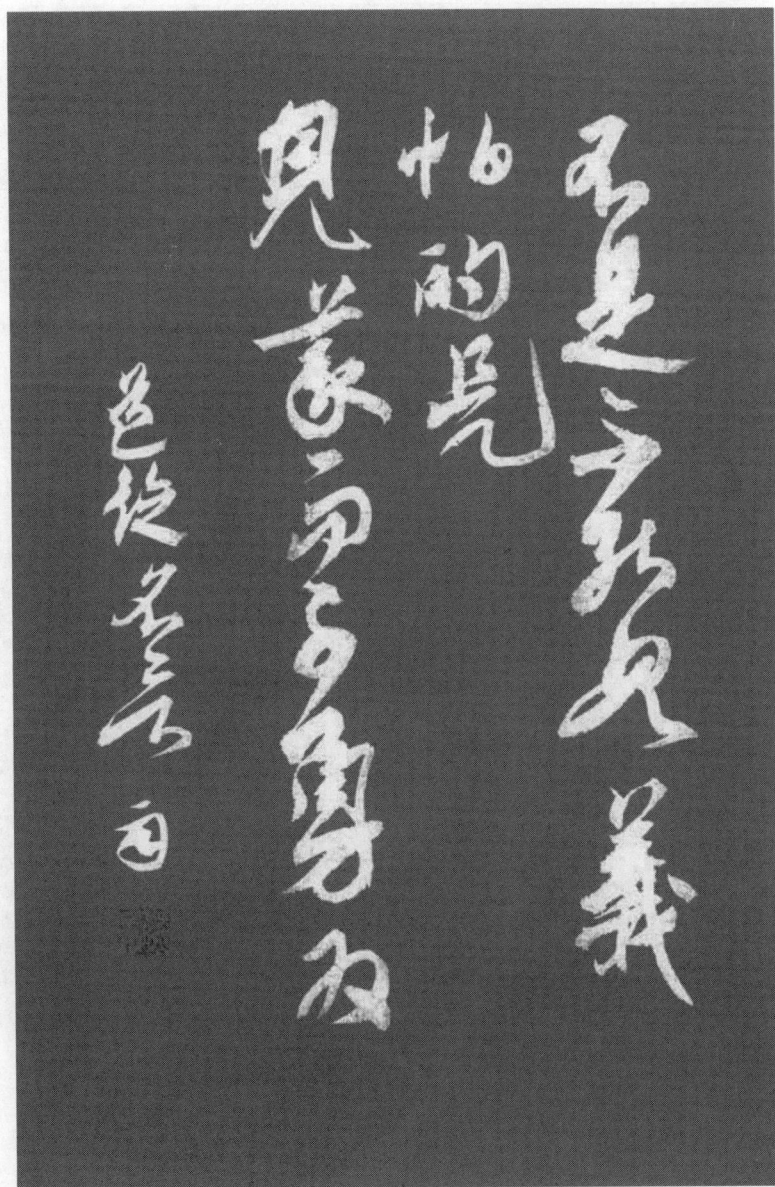

　　谢觉哉，字焕南，别号觉哉，亦作觉斋，中国著名的学者、教育家、杰出的社会活动家、法学界的先导、人民司法制度的奠基者，"延安五老"之一，开国元勋。

诸葛亮的一句名言：

静以修身，俭以养德。

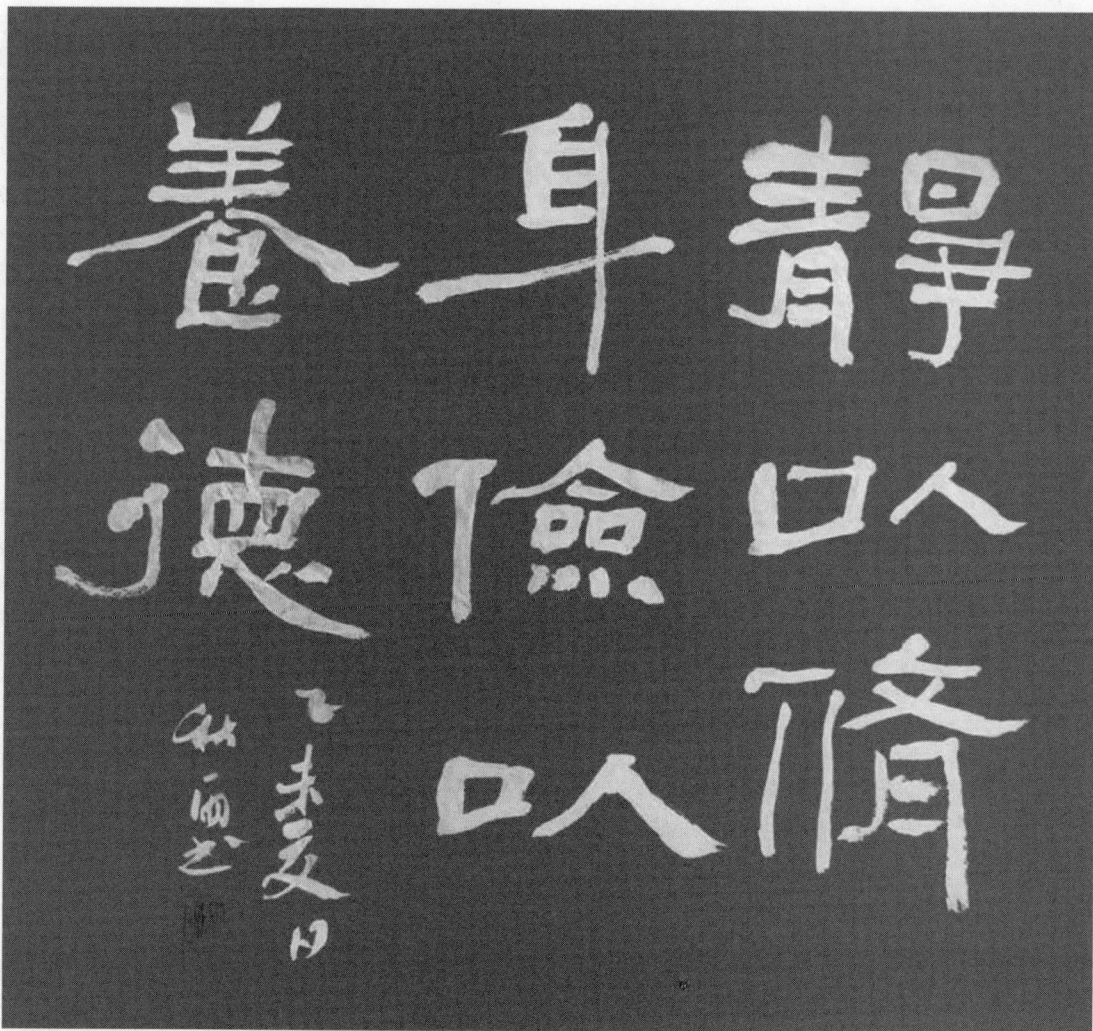

这句话的大意是：安静中修养身心，依靠俭朴的作风来培养品德。

诸葛亮一生"鞠躬尽瘁、死而后已"，是中国传统文化里国家的忠臣与智者的代表。他的《诫子书》是育人治家的法宝。

他为复兴汉室殚精竭虑，六出祁山，矢志北伐，精忠报国，在人民心中是位忠臣贤相，有很高的威望。

子贡的一句话：

贫而无谄，富而不骄。

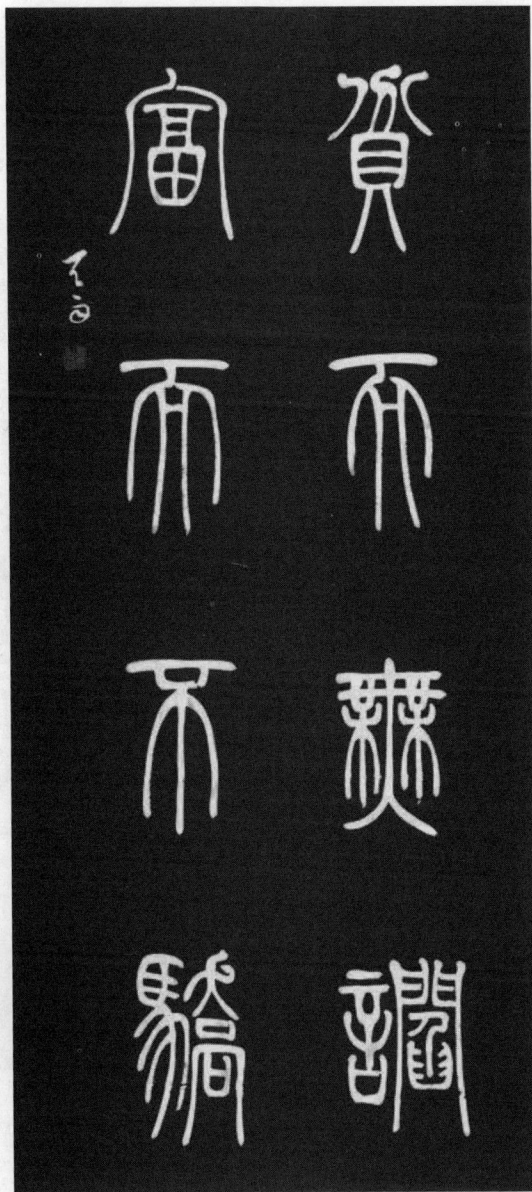

　　这句话的大意是：贫穷而能不谄媚，富有而能不骄傲自大。

　　原名端木赐，字子贡，是孔门七十二贤之一，春秋时期政治家、外交家、孔子曾称其为"瑚琏之器"。他利口巧辞，善于雄辩，且有济世之才，办事通达。

《晏子春秋·内篇·门上》中的一句话：

诛不避贵，赏不遗贱。

　　大意是：法制之下，人人平等，犯法的贵族不能逃脱法律的制裁，奖赏也不会遗漏地位卑微的人。

　　《晏子春秋》是记载春秋时期齐国政治家晏婴言行的一部历史典籍，用史料和民间传说汇编而成，书中记载了很多晏婴劝告君主勤政，不要贪图享乐，以及爱护百姓、任用贤能和虚心纳谏的事例，成为后世人学习的榜样。晏婴自身也是非常节俭，备受后世崇敬。

"诗圣"杜甫的一句诗句：

以饥寒之身而怀济世之心，处穷迫之境而无厌世之想。

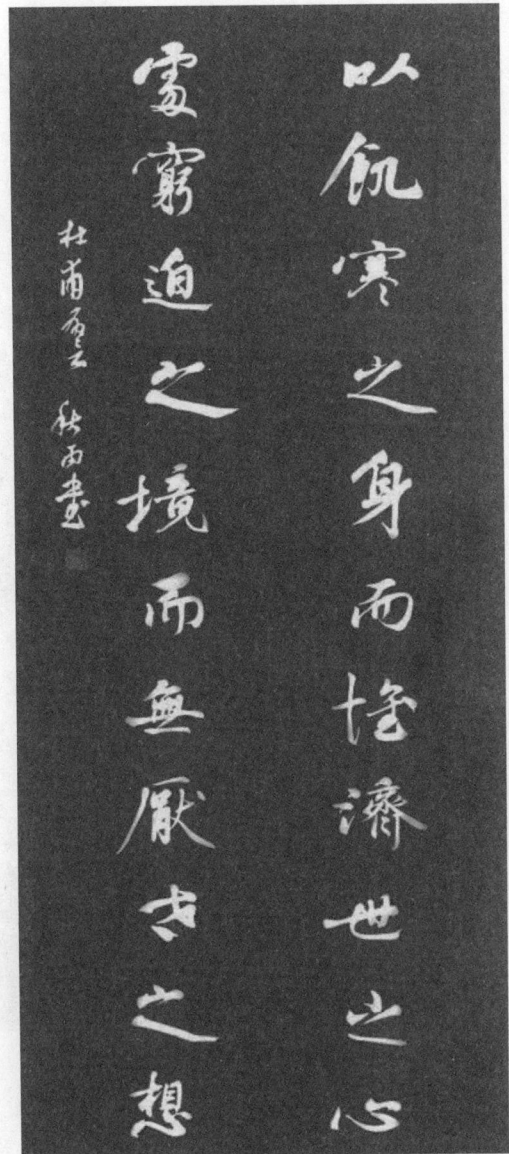

大意是：自己不富足但心中还想着改变世界，在困难重重的处境下，也不悲观厌世。

杜甫悲天悯人，忧时伤乱，同情民众，眷顾祖国，不惜自我牺牲的爱国主义精神令人敬佩。

孔·孟的一句名言：

　　杀身成仁，舍生取义。

　　大意是：为国家利益而不怕死，为正义而不怕牺牲的爱国主义精神。

　　"杀身成仁"，见《论语·卫灵公》："志士仁人，无求生以害仁，有杀身以成仁。"

　　"舍生取义"，见《孟子·告子上》："生，我所欲也；义，亦我所欲也。二者不可得兼，舍生而取义者也。"

李商隐的一句名言：

母爱无所报，人生更何求。

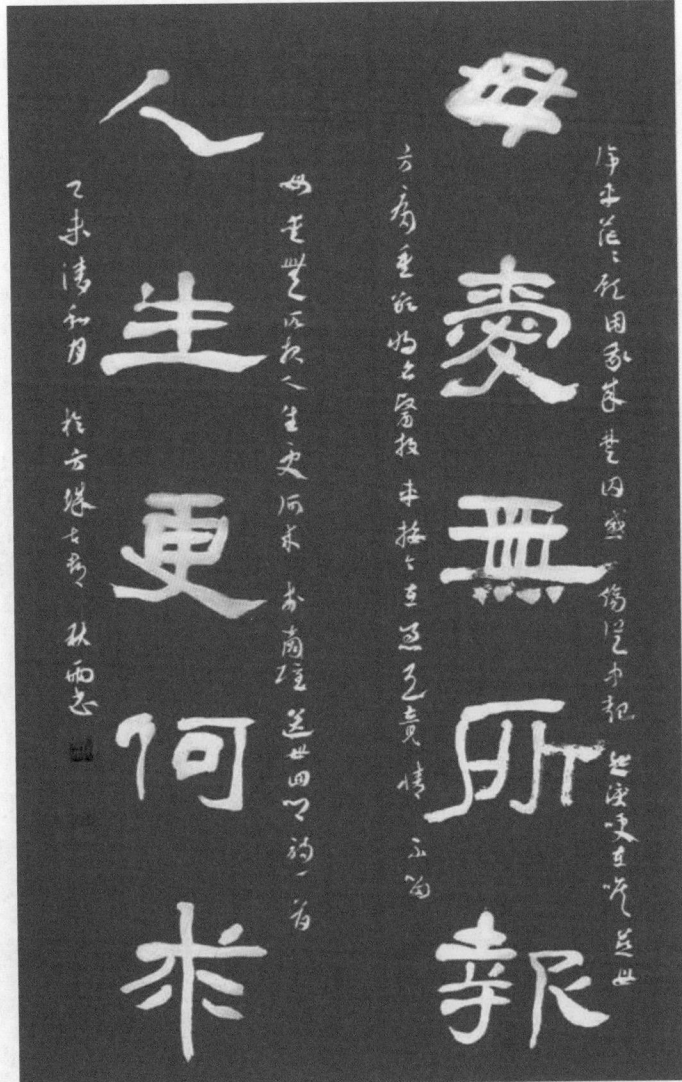

　　这句话的大意是：自己对母亲养育之恩都没有办法报答，人这一生还能有什么更多的要求呢？《送母回乡》停车茫茫顾，困我成楚囚。感伤从中起，悲泪哽在喉。慈母方病重，欲将名医投。车接今在急，天竟情不留！母爱无所报，人生更何求！

　　李商隐是晚唐最出色的诗人之一，和杜牧合称"小李杜"。

崔融的一句道德名言：

养亲光孝道，侍主竭忠规。

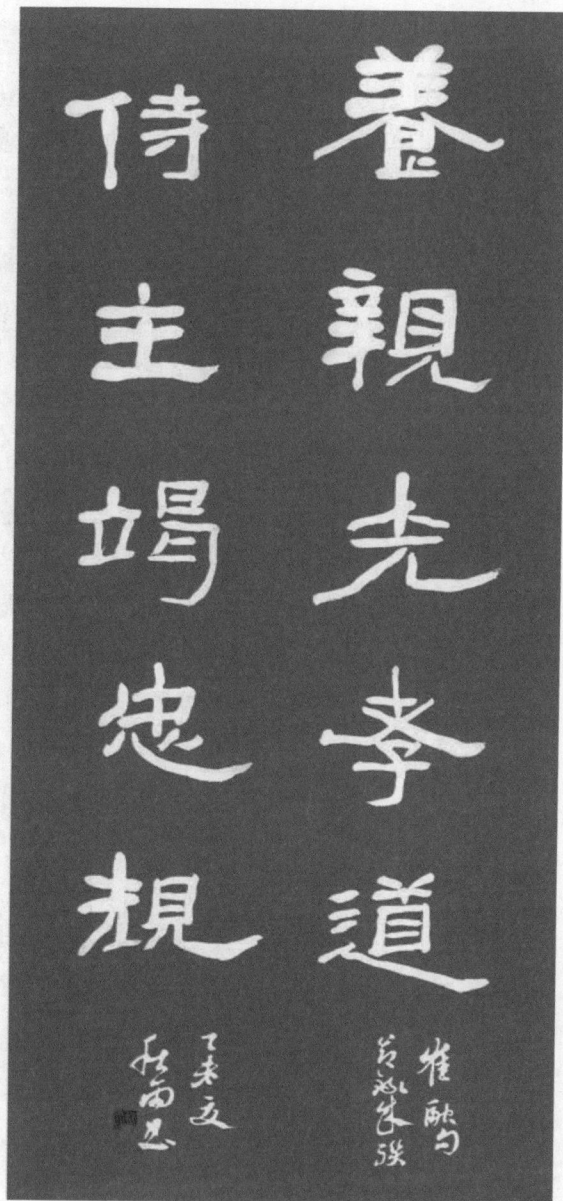

　　大意是：侍奉亲人是在光大孝道，对待君主要竭尽忠诚。

　　崔融唐朝齐州（章丘）人，唐代近体诗的奠基人之一，五言律诗格律严谨，作品多朴素自然，当时无出其上者，东宫表疏多出其手。

王柏的一句名言：

父母人皆有，何称考叔贤。只将诚意感，各尽此心天。

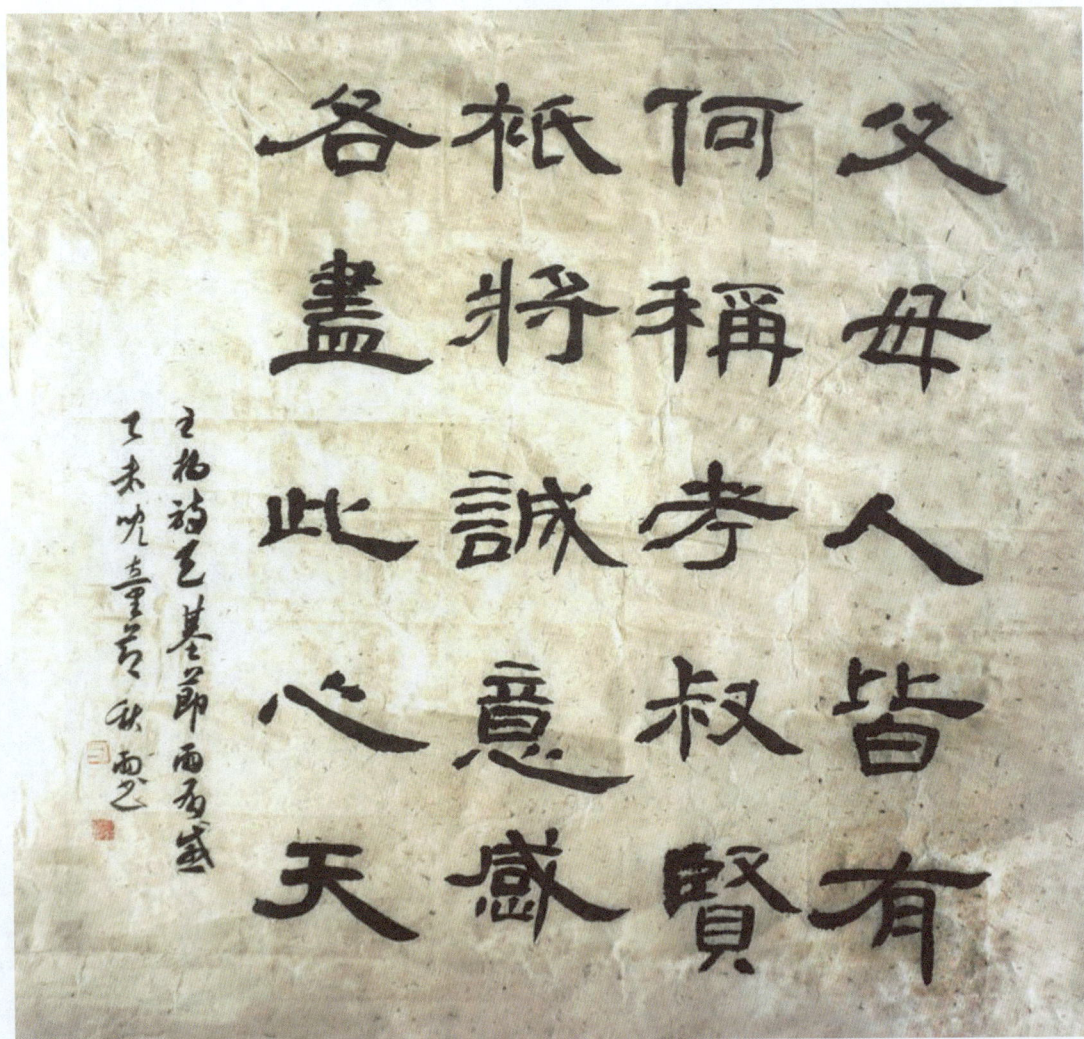

大意是：

宋代王柏，少慕诸葛亮为人，关心国家安危，痛陈时弊，吏治腐败，改革科举。他主张"由传以求经"，重视儒家经传。主张不得无故毁坏草木虫鱼等生物，应"立法定制，品节禁戒。"著书立言，史称"颇有窜乱，攻驳毛、郑之说"开导劝止。

谭嗣同《狱中题壁》中的一句名言：

我自横刀向天笑，去留肝胆两昆仑。

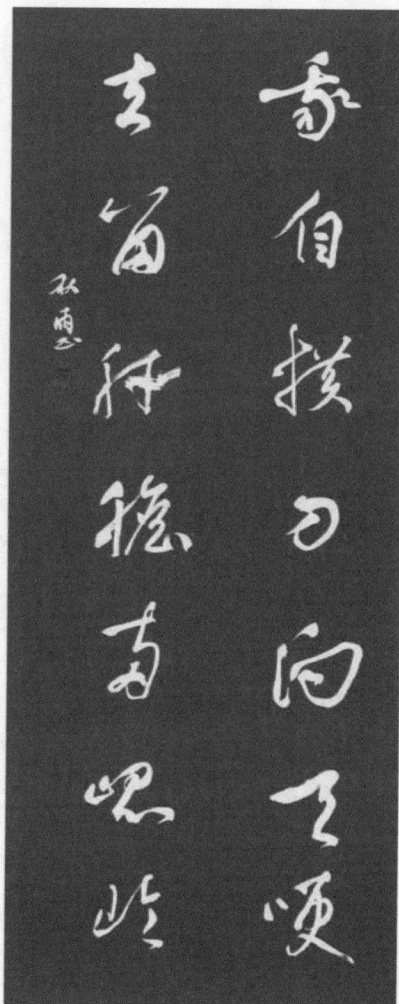

《狱中题壁》全文

望门投止思张俭，忍死须臾待杜根。

我自横刀向天笑，去留肝胆两昆仑。

谭嗣同，中国近代资产阶级著名政治家，思想家，维新志士，公开提出废科举、兴学校、开矿藏、修铁路、办工厂、改官制等变法维新的主张。他参加领导戊戌变法，失败被杀，是"戊戌六君子"之一。

开国将领陈毅的一句话：

此区泉台招旧部，旌旗十万斩阎罗。

全诗是"断头今日意如何？创业艰难百战多。此去泉台招旧部，旌旗十万斩阎罗。"

他是中国共产党传奇将领，开国元帅，政治家、外交家，受人尊敬。

赵恒《劝读诗》中的一句话：

男儿欲遂平生志，五经勤向窗前读。

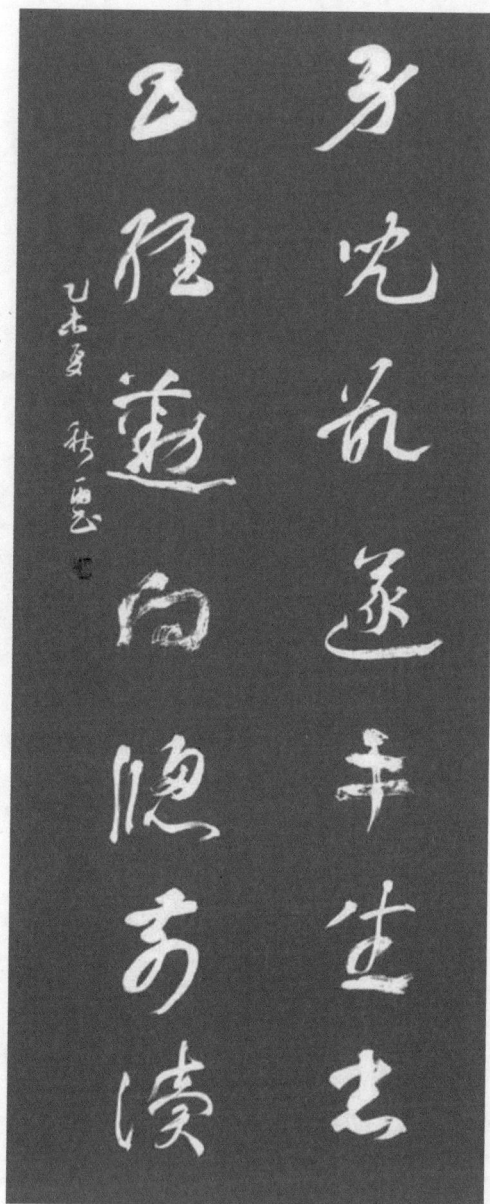

　　全诗是"富家不用买良田，书中自有千钟粟；安居不用架高楼，书中自有黄金屋；出门莫恨无人随，书中车马多如簇。娶妻莫恨无良媒，书中自有颜如玉。男儿欲遂平生志，五经勤向窗前读"。

爱国志士秋瑾的一句名言：

浊酒不销忧国泪，救时依仗出群才。拼将十万头颅血，须把乾坤力挽回。

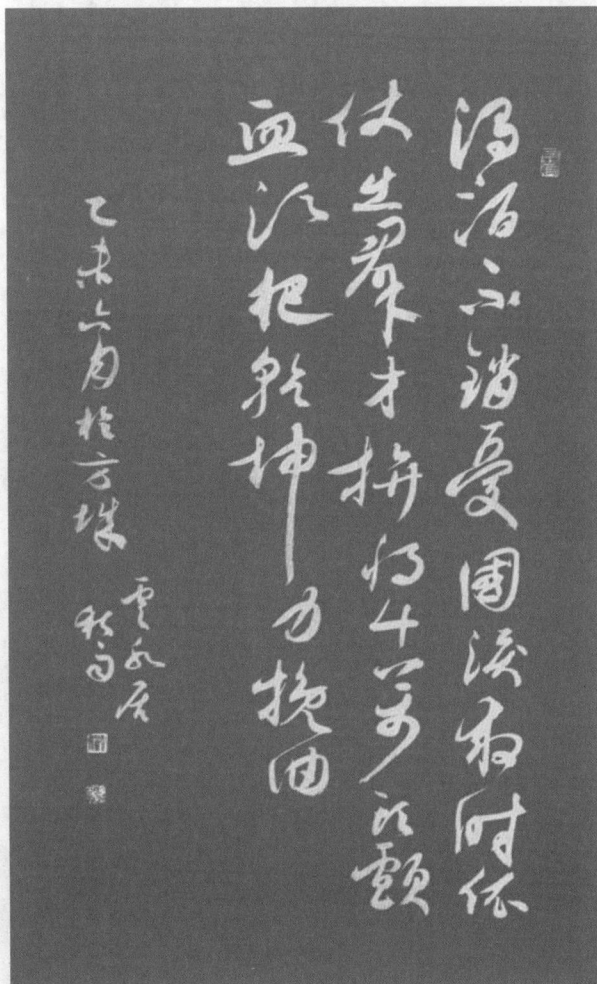

这首诗的全文是：

万里乘风去复来，只身东海挟春雷。忍看图画移颜色，肯使江山付劫灰？

浊酒不销忧国泪，救时应仗出群才。拼将十万头颅血，须把乾坤力挽回。

秋瑾写的词淋漓悲壮，荡人心魄，提倡男女平权，是崇高的革命烈士之一。

孙中山致祭秋瑾墓挽联"江户矢丹忱，重君首赞同盟会；轩亭洒碧血，愧我今招侠女魂。"

曹植的一句话：

名编壮士籍，不得中顾私。捐躯赴国难，视死忽如归！

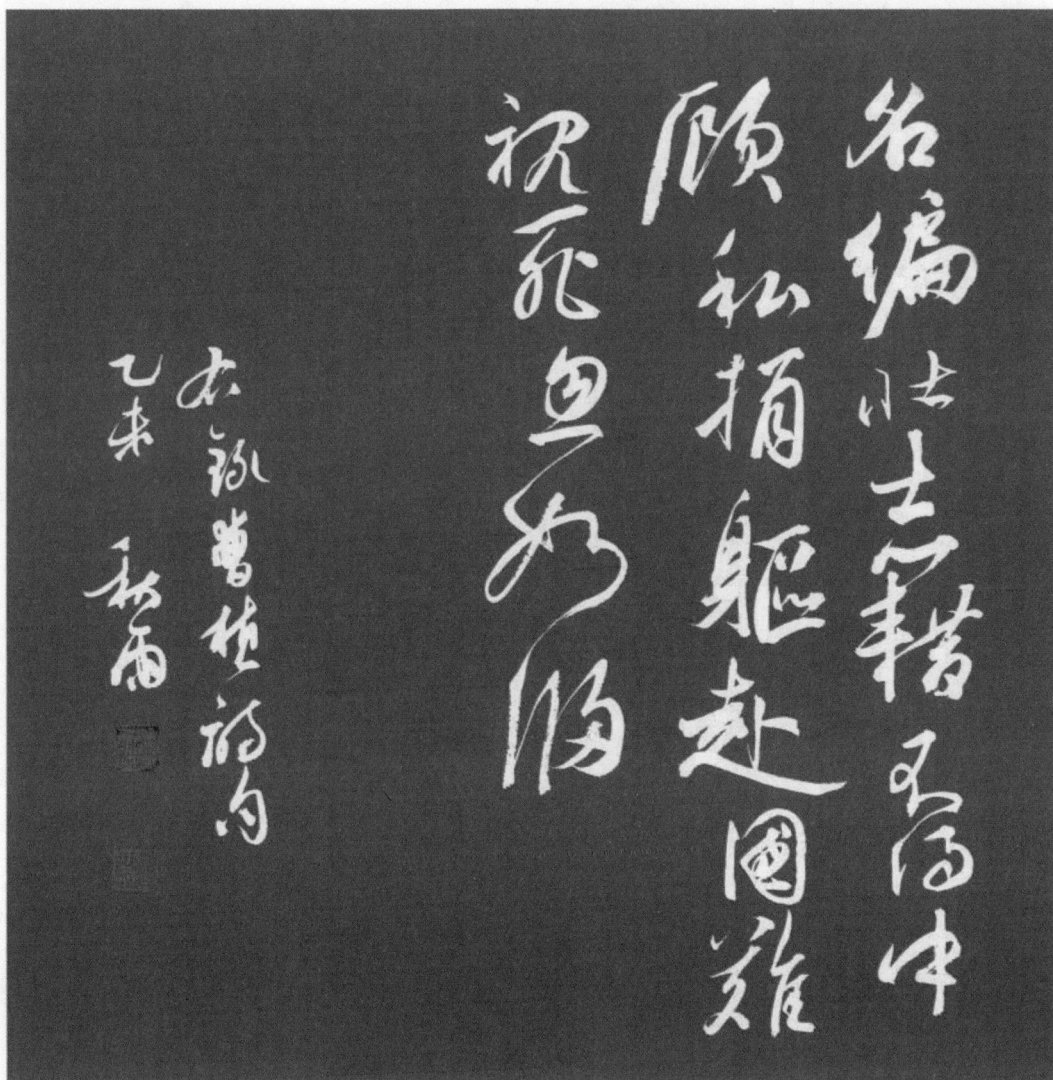

　　曹植，字子建。自幼颖慧，10岁余便诵读诗、文、辞赋数十万言，出言为论，落笔成文，深得曹操的宠爱。

　　南朝宋文学家谢灵运评价曹植说："天下才有一石，曹子建独占八斗。"王士祯论汉魏以来二千年间诗家堪称"仙才"者，曹植、李白、苏轼三人耳。

孔子的一句道德名言：

教民亲爱，莫善于孝。教民礼顺，莫善于悌。

　　这句话的大意是：教导百姓相亲相爱，没有比弘扬孝道更好的了，因为孝是仁爱的原点。

教导百姓遵循礼节，顺从长上，没有比弘扬悌道更好的了。

　　它的内容开示全部孝经的宗旨，表明孝道的义理，定历代的孝治法则，万世的政教规范。

关汉卿写的一首诗：

三尺龙泉万卷书，上天生我意何如。

不能报国平天下，枉为男儿大丈夫。

关汉卿是我国最伟大的戏剧家，元代杂剧奠基人，被誉为曲圣。他这首七言绝句，抒发了青年人的伟大抱负，和一心为国创造太平盛世的雄心壮志。冷兵器时代，舞剑和读书都是为成就文武全才，以便被国家所重用。如不能报效国家，岂不白来人世一趟，我还算是什么男儿大丈夫呢！畅谈心扉，言简意明，以身许国，一腔爱国卫国的热忱溢于言表。

学习这首小诗镌刻在我们的脑子里，融化在血液中，凝聚中华民族儿女矗立世界之林，实现复兴中国梦，必然成功。

《千字文》中的一句话：

尺璧非宝，寸阴是竞。

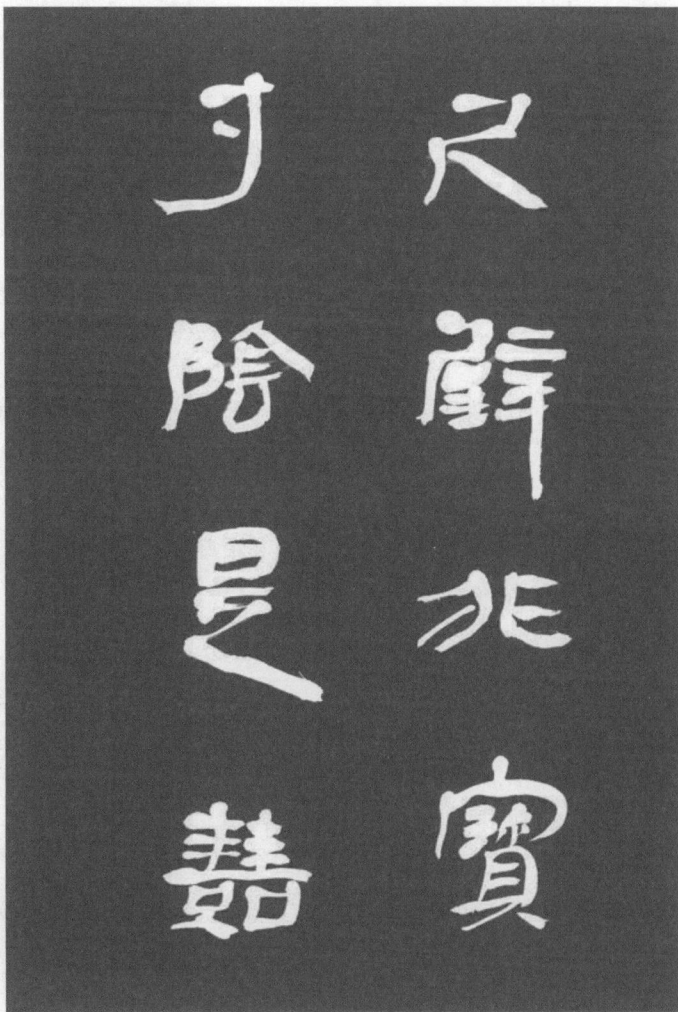

　　这句话的意思是：再大，在稀有的玉石，比起我们有限的生命光阴来，也算不上是珍宝。

　　在这个世界上，很多东西都是有价的，可以用金钱来买，但只有时间买不到，失去了，就永远不再回来。人一生多则百年，所以我们应该好好珍惜。

　　陆机在《短行歌》中说："人寿几何？逝如朝霞。时无熏至，华不再阳。"庄子曰："人生天地之间，若白驹过隙，忽然而已。"我们应趁着年少，多学习知识，以免"黑发不知勤学早，白首方悔读书迟"。到了老年后悔，虚度光阴，碌碌终生。

《千字文》中的一句话：

景行维贤，克念作圣。

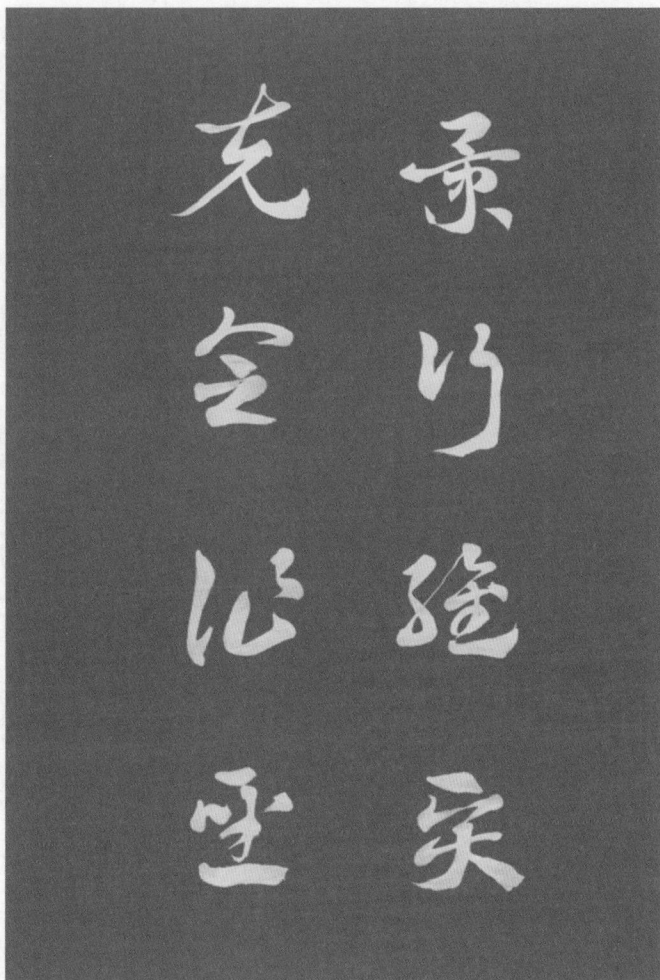

这句话的意思是：要向一切受人敬仰的有贤德的人看齐！不断克服自己贪婪的本性，多为社会，为他人着想，如：坚持不懈，那么这个人就可以达到圣人的境界了。

景行，语出《诗·小雅·车辖》"高山仰止，景行行止"。品德高尚的人就会得到人们的敬仰，也是人们所向往的。圣人并不是高不可攀，孔子和我们平常人并无二异，也会犯错误。之所以被后人成为"圣人"是因为他的一生在不断学习，不断改正自己的错误，提高自己的学识和修养。我们敬仰贤人，也要以贤人为榜样来提高自己。

《千字文》中的一句话：

女慕贞洁，男效才良。

　　贞指内心方正的品性，洁指外在洁净的品行，才指才能，良指德行。这句话是在品德和才学方面对我们的要求。

　　父母除了关心我们的身体健康之外，就是注重我们品德和才学的培养。唐朝纪王的女儿楚媛，长大嫁人后，服侍婆婆像服侍自己的母亲一样细心，对待丈夫向宾客一样尊敬，对待亲人和睦，对晚辈慈爱。恭谨谦逊，生活简朴，不骄奢放纵，为广大女性做了一个好的典范。

　　司马迁曾说："才者，德之资也；德者，为之帅也。"德与才就如同一只鸟的双翼，缺少哪一翅膀都无法畅游于天地之间。有德有才的人是我们的楷模，也是国家的栋梁。德才兼备是我们应该追求的目标。

《千字文》中的一句话：

知过必改，得能莫忘。

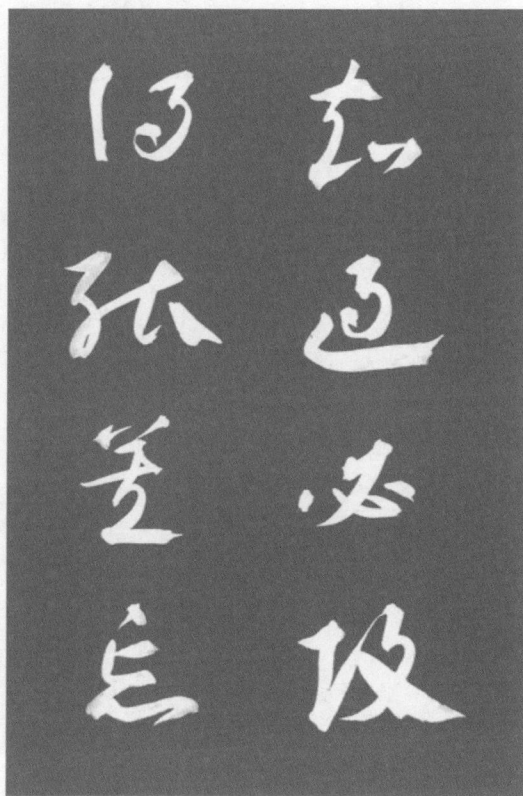

这句话的意思是：知道自己有了过错，就一定要改正，知过必改出自《论语》。孔子说："德之不修，学之不讲，闻义不能徙，不善不能改，是吾忧也。"得能莫忘有两种不同的理解，第一种说法是自己有能力做的事情就一定不要放弃。还有就是有学者认为'得''是''德'的通假字，意思是美德和才能不要轻易抛弃。如此，这两重含义是说从他人之处有所得，有所德，面对他人的恩德不能忘怀；二是我们自己于修心有所得，有所德，也不能忘记。

西晋时有个叫周处的人，力大无穷，勇猛无比，但却惹是生非，横纵乡里，乡里人都恨他，后来周处认识到了自己以前为害太多，做了很多错事，对不起乡亲父老。于是他离开家乡去拜见大学者陆机和陆云两兄弟。陆云对他说："古人贵朝闻夕改，你年纪还轻，只要知错改，就一定能成为贤人的。"从此周处便专心读书，立志做一个坚持正义的刚直之人。后来，他成了一名品质高尚的将军。

《千字文》中的一句话：

资父事君，曰严与敬。

这句话的意思是：奉养父母，侍候君主要心存敬畏，恭敬谦逊。

父母生养我们，无微不至的关怀以及一日三餐精心的呵护，深深地感受到父母无私的爱，人们常说："不养儿不知父母恩"，看着父母日愈斑白的头发，让我们意识到尽孝的时候到了。我们要对父母有恭敬之心，不能顶撞父母，让父母生气，要严格要求自己，对国家要忠心耿耿，做有益于人民的事，这样才是一个有社会责任感，忠孝双全的人。

《千字文》中的一句话：

德建名立，形端表正。

德
名
建
立

这句话的大概意思是：培养高尚的道德，就会树立美好的名声。为人不光要内在的修养好，外在的举止形容也要注意端正得体。

古人把道德作为立世的基础，《左传》中说"太上立德，其次立功，其次立言"。一个人不遗余力广行善事，他的名声就会树立彰显。如果只为追求名利，沉沉于一己之私，很可能就会铤而走险，甚至做一些伤天害理的事。所以要求人们端正自己的品德和行为。古人说"腹有诗书气自华"，通过读书修养我们的气质，树立我们的德行，那么他的事迹风范就不会随着时间的推移而消逝，人们会以他为榜样，这个影响是深远的。

《千字文》中的一句话：

信使可覆，器欲难量。

信可
覆使

　　这句话的意思是：说过的话要兑现，要能禁得住反复的考验。做人处事，心胸器量要大。

　　"信使可覆"这句话出自《论语·学而篇》。信是五德之一，孔子说"人无信而不立"，没有信德的人，不能立义，立命。论语说"侯王颔下能跑马，宰相肚里能撑船"。心小量窄的结果，必然是嫉贤妒能，下场不会好。如唐朝大奸臣"口蜜腹剑李林甫"就是很好的例证。一个人能否担当重任，成就大事，首先要看心量。"心包太虚，量周沙界"才能有更广阔的天地，是有一定道理的。

《千字文》中的一句话：

罔谈彼短，靡恃己长。

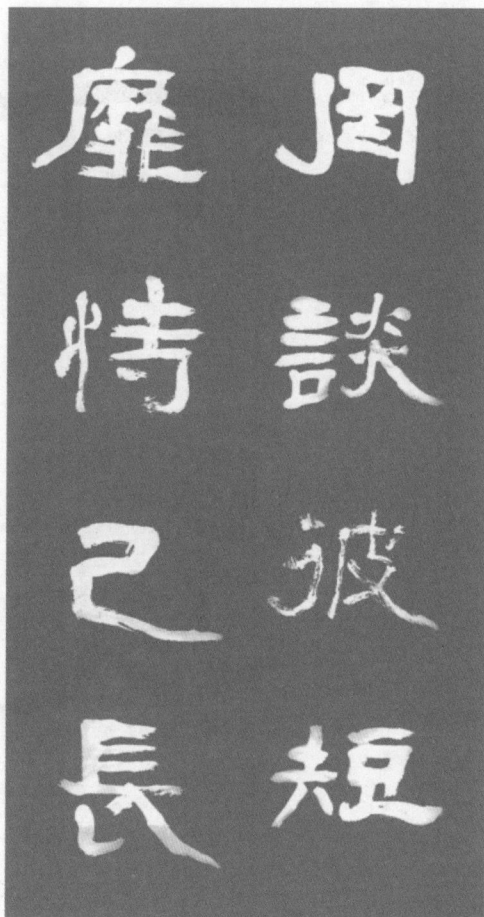

这句话的大意是：不要谈论别人的缺点和短处，不要依仗自己的长处而骄傲自大。

这句话是告诉我们为人处事要谦虚，不能自高自大，古人云："满招损，谦受益。"人们常说"哪个背后无人说，哪个人前不说人"，说长道短仿佛是人们习以为常的事，这是一种不好的习惯，往往祸从口出。下意识的喜欢谈论别人的缺点，或者对某人不满，便造谣生事，挑拨是非，就是因为缺乏自我反省和推己及人和为他人着想的精神。我们要努力把自己培养成一个道德高尚的人，不能随便议论别人，说话注意场合，掌握尺度和分寸，不倚仗自己的长处，比如金钱、权势和学问等去打击，轻视别人。保持谦虚谨慎的心态对人的修养是非常有益的。

千字文中的一句话：

孟轲敦素，史鱼秉直。

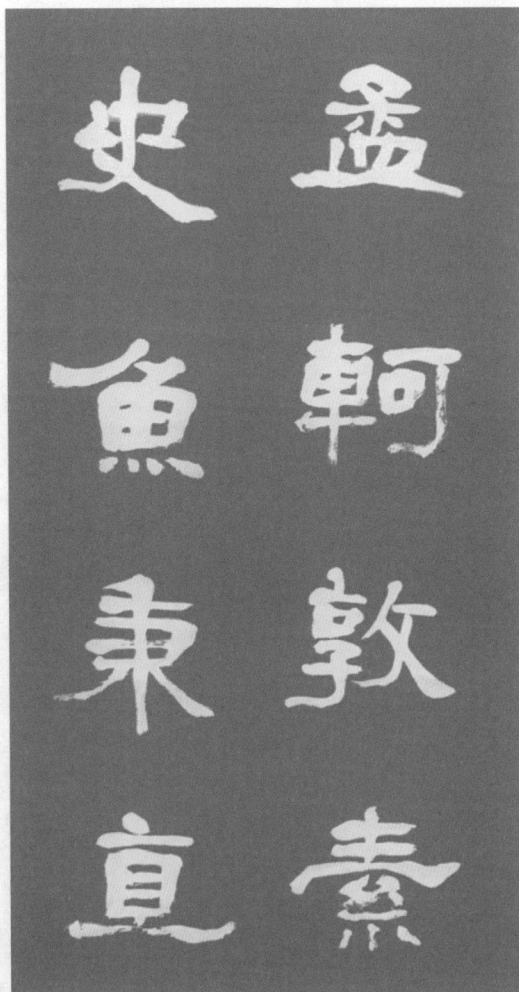

　　这句话的意思是：孟子崇尚质朴的本色，史鱼忠诚，秉性刚直。

　　这两个人朴素、正直都是贤人的代表，是做人的典范。孟子是我国儒家学派的代表人物，他继承和发扬了孔子的一些主张，提出"仁义"道德。史鱼是春秋时期卫国的著名史官，以正直敢谏著称，不怕打击报复，劝诫卫灵公要任人唯贤，罢黜佞臣，直到临终前，还在劝谏君王。孔子在《论语》里称赞他"直哉史鱼！邦有道，如矢；邦无道，如矢"。意思是说：史鱼正直！国家有道，他的言行像箭一样直；国家无道，他的言行也像箭一样直，无愧于史官的职责。我们也要像古人学习，努力做好自己的本职工作。

《千字文》中的一句话：

祸因恶积，福缘善庆。

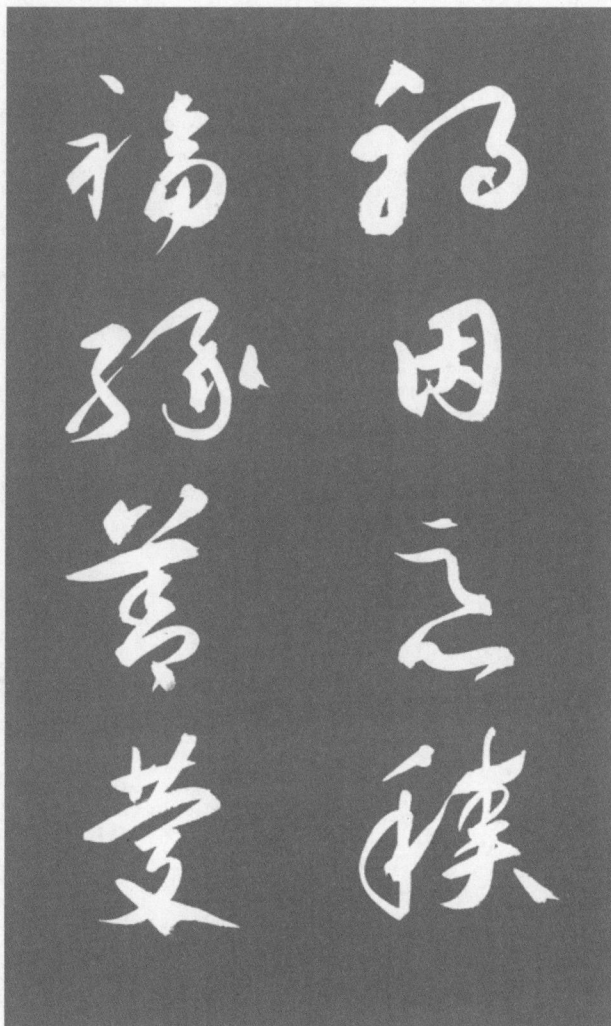

这两句是说：小小的坏事累积起来也能酿成大祸。所以，不要因为做的坏事微小就不检点自己。做好事从点滴起，不因善小而不为。

"祸福无门，唯人自招"，无论是幸福或不幸，都是自己平常的处事态度决定的，如果我们心怀善良，生活就会充满阳光。比如：孝顺父母，对人友善，做有益于人民，积极向上的事，实现我们的人生价值，就会得到幸福。相反就会恶有恶报，所以勿以恶小而为之。多做好事，不做坏事，这是做人最基本的要求。

《千字文》中的一句话：

贻厥嘉猷，勉其祗植。

这句话的意思是：遗留给子孙最好的是嘉语忠告，勉励他们要谨慎小心立身处世，正直做人。

历代先贤都有宝贵的家书、家训遗留下来，例如：被世人称之为家训鼻祖的《颜氏家训》，还有《朱子治家格言》、《武侯诫子书》、《曾国藩家书》等等，不胜枚举。这些家书为子孙后代指明了如何学习做人处事等方面具体的内容和方法，是古人育人治家的经验，是中国传统优秀文化的一部分，字字值千金，这比给子孙留下金银财宝更重要。

现在读一读古人的家训，很受教育。《武侯诫子书》是我家的座右铭，常年悬于室内，让我受益匪浅。

《千字文》中的一句话：

省躬讥诫，宠增抗极。

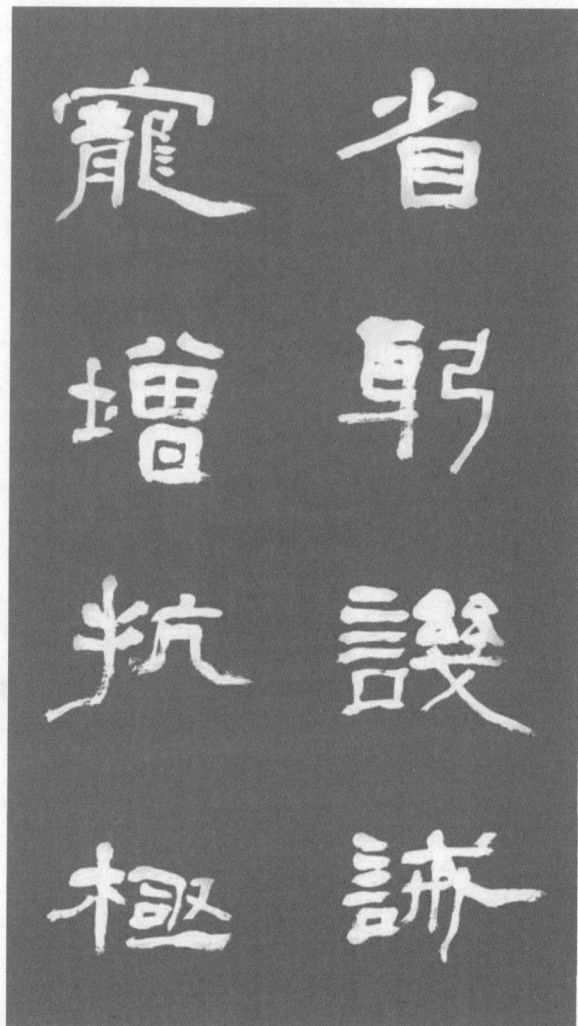

这句话的意思是：听到别人的劝告批评要好好反省自身，及时纠正自己的过失，宠爱过度就会带来祸端。

省躬就是反省自身的意思，即通过自我意识来省察自己言行的过程，是儒家提倡的一种自我道德修养方法。曾子曰："吾日三省吾身"，有过则改，无则加勉。

再获得恩宠时，不能得意忘形，骄傲自满，听不进别人的批评就不知道自己的过错。过度的宠爱是溺爱，我们应该戒骄戒躁，这样在学习上才会有更大的进步。

《千字文》中的一句话：

守真志满，逐物意移。

这句话的大意是：保持纯洁的天性，内心就会感到满足；追求物欲享受，天性就会转移改变。人都有喜怒哀乐，常常被外境的各种干扰产生烦恼。比如当事情做的不如自己所想时就会懊恼，受到称赞时会开心，受到责怪时会忧伤，权势，金钱都会诱惑人，只要心随外境而转，人的纯洁天性，坚韧意志就会被改变，最终让我们身心疲惫。

范仲淹说："不以物喜，不以己悲"，保持一颗安定沉静的心。也就是古人说的"非淡泊无以明志，非宁静无以致远"。

做到这些，就会感到满足愉快，不追求物质享受，致力于学习，事业才会有长足的进步。

《千字文》中的一句话：

坚持雅操，好爵自縻。

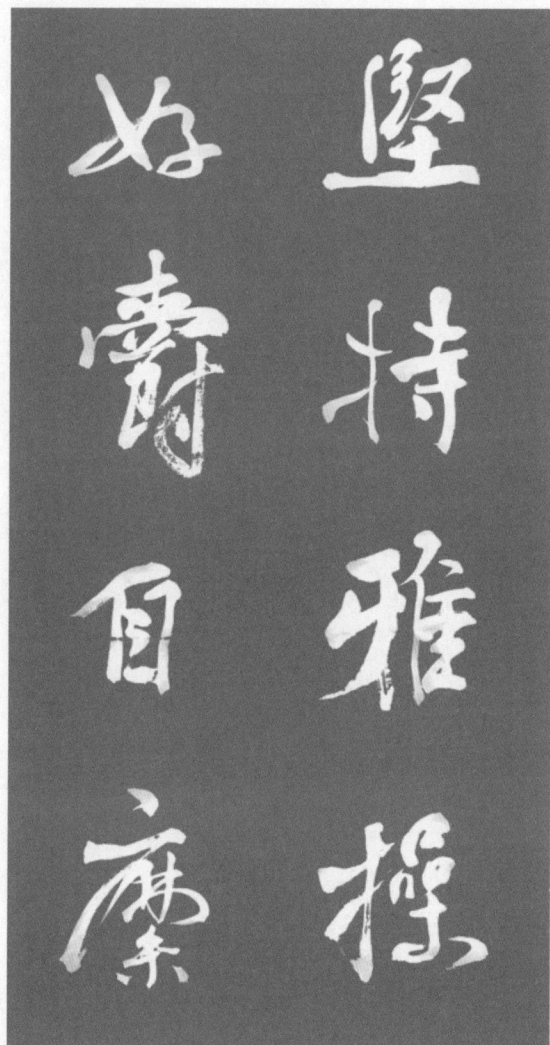

这句话的大意是：一个人只要能坚持高雅的操守，好的前途自然会来临，不用刻意向外面去求取。

这句话告诉我们如何做人做事。《千字文》虽是古人识字的启蒙读物，但却包含着丰富的育人之道。从论述身与心、德与名的关系，指导我们树立正确的思想，修正行为，从而培养自己的品德，心性的修炼，也就是"性静情逸，心动神疲。守真志满，逐物意移"。如果我们能够身体力行，付诸实践，自然就会"好爵自縻"。好的品德胜似碧玉，是无价的珍宝。

《千字文》中的一句话：

节义廉退，颠沛匪亏。

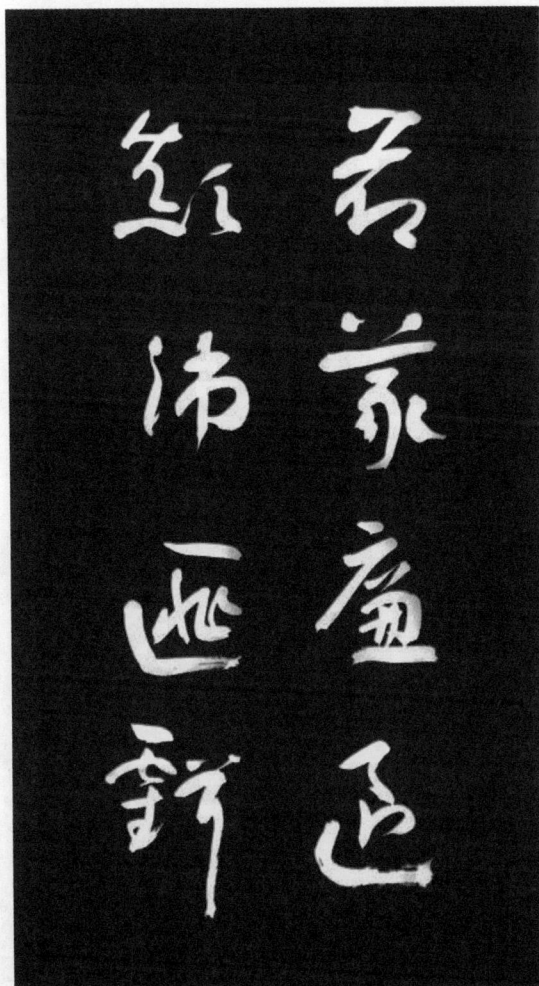

这句话的大意是：气节、正义、廉洁、谦让，这些高尚的品德在任何时候，哪怕是颠沛流离时也不能抛弃。

古时候，国家的特使出访，手中都要持着一根竹子做的"旌节"，人持旌节象征国家的主权与尊严。西汉苏武，奉汉武帝之命出使匈奴，结果被匈奴扣押，流放到北海牧羊十九年，汉昭帝时才被迎回中原。他须发如雪，手中高举着那根旌节回到长安，不失大汉民族气节，被传为千古佳话。

虽然现在时代不同了，但是坚守正直、气节这些中华民族美德仍是我们做人的基本要求。

《千字文》中的一句话：

孝当竭力，忠则尽命。

这句话的意思是：孝敬父母应当尽心尽力，效忠国家和人民要鞠躬尽瘁，不怕牺牲自己的生命。

孝当竭力，"父母命，应勿缓，父母教，须敬听。父母责，须顺承。亲有疾，药先尝，昼夜侍，不离床。"当然，对父母尽孝，并不是绝对的言听计从，对于不正确的要怎么办呢？《弟子规》中说："亲有过，谏使更。怡无色，柔无声。"的思想是我们应该学习的。

忠则尽命，从古至今不惜献出自己的一切以至生命的忠诚战士太多了！仅一个抗日战争，我国就有3500万人伤亡，解放战争为国捐躯的就不计其数了。为保家卫国而抗美援朝，志愿军伤亡53万人，为国尽命，英灵永垂青史。

《千字文》中的一句话：

恭惟鞠养，岂敢毁伤。

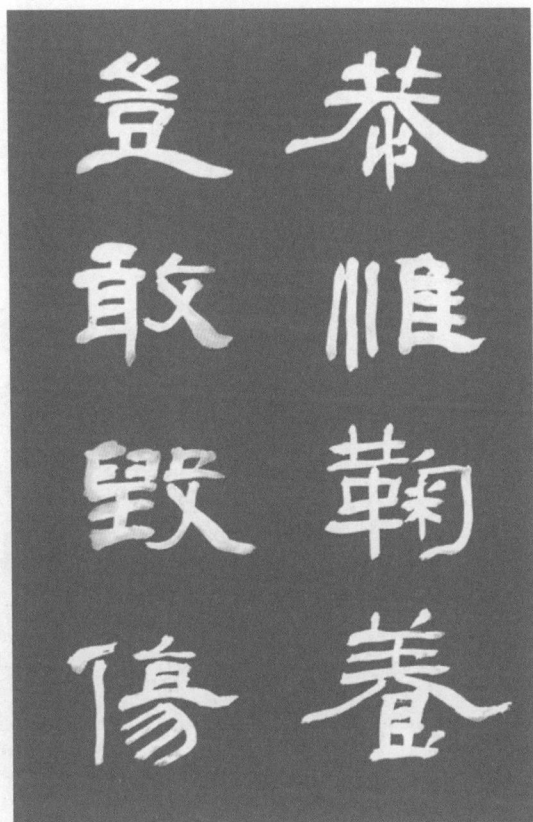

　　这句话的意思是：我们的身体是父母生养，精心抚育而成，只有谨慎，小心地爱护它，而不能轻易地毁伤。

　　儒家倡导孝道，《孝经》中说"身体发肤，受之父母，不敢毁伤，孝之始也"，就是强调我们要重视和爱惜自己的身体。《弟子规》中有"身有伤，贻亲忧"之句，说明如果我们身体若受伤毁坏、损伤，父母一定会忧愁痛苦。反之，如果我们照顾好自己的身体，不让父母担忧，就是在向父母行孝。孔子有一位学生，叫高柴，父母逝世时，他过于悲痛，哭干了眼泪，甚至哭出血来。孔子对他说：你怀念父母是对的，但是不知保重身体就是不明智了。如果你哭坏了身体，父母地下有知，也不会心安啊。这句话就是告诉我们要爱护自己的身体，以报答父母的养育之恩。

《二十四孝诗》节选

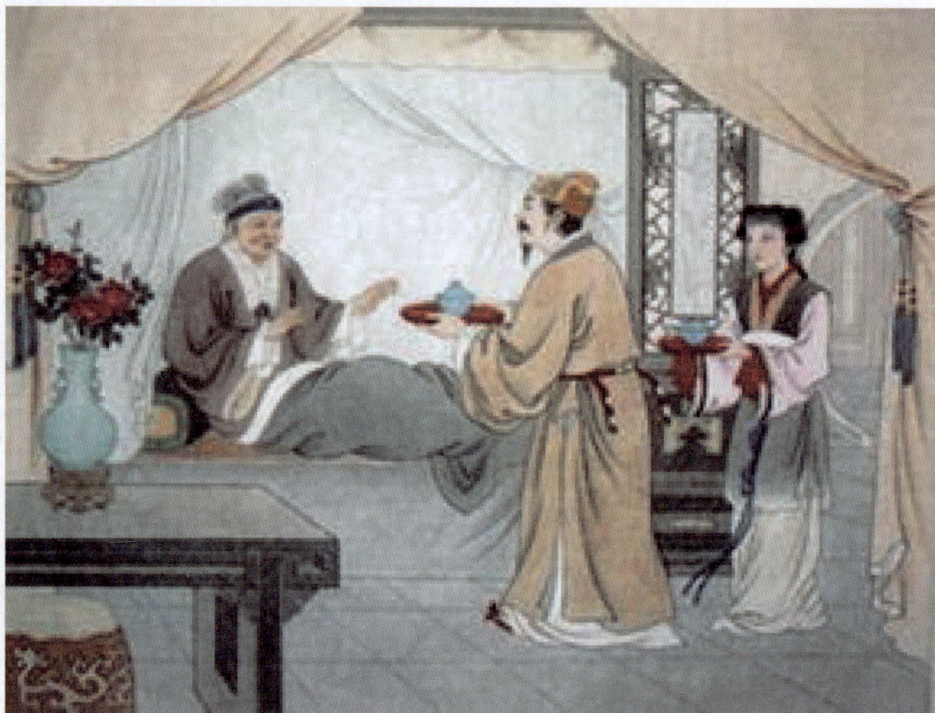

亲尝汤药

仁孝临天下，巍巍冠百王。莫庭事贤母，汤药必亲尝。

汉文帝刘恒，以仁孝之名，闻于天下，侍奉母亲从不懈怠。母亲卧病三年，他常常目不交睫，衣不解带；母亲所服的汤药，他亲口尝过后才放心让母亲服用。他在位二十四年，重德治，兴礼仪，注意发展农业，使西汉社会稳定，人丁兴旺，经济得到恢复和发展，他与汉景帝的统治时期被誉为"文景之治"。

百里负米

负米供旨甘，宁辞百里遥。身荣亲已殁，犹念旧劬劳。

　　仲由，性格直率勇敢，十分孝顺。早年家中贫穷，自己常常采野菜做饭食，却从百里之外负米回家侍奉双亲。父母死后，他做了大官，奉命到楚国去，随从的车马有百乘之众，所积的粮食有万钟之多。坐在垒叠的锦褥上，吃着丰盛的筵席，他常常怀念双亲，慨叹说："即使我想吃野菜，为父母亲去负米，哪里能够再得呢？"孔子赞扬说："你侍奉父母，可以说是生时尽力，死后思念哪！"

芦衣顺母

闵氏有贤郎，何曾怨晚娘？尊前贤母在，三子免风霜。

　　闵损，孔子曾赞扬他说："孝哉，闵子骞！"他生母早死，父亲娶了后妻，又生了两个儿子。继母经常虐待他，冬天，两个弟弟穿着用棉花做的冬衣，却给他穿用芦花做的"棉衣"。一天，父亲出门，闵损牵车时因寒冷打颤，将绳子掉落地上，遭到父亲的斥责和鞭打，芦花随着打破的衣缝飞了出来，父亲方知闵损受到虐待。父亲返回家，要休逐后妻。闵损跪求父亲饶恕继母，说："留下母亲只是我一个人受冷，休了母亲三个孩子都要挨冻。"父亲十分感动，就依了他。继母听说，悔恨知错，从此对待他如亲子。

怀橘遗亲

孝悌皆天性，人间六岁儿。袖中怀绿桔，遗母报乳哺。

　　陆绩，六岁时，随父亲陆康到九江谒见袁术，袁术拿出橘子招待，陆绩往怀里藏了两个橘子。临行时，橘子滚落地上，袁术嘲笑道："陆郎来我家作客，走的时候还要怀藏主人的橘子吗？"陆绩回答说："母亲喜欢吃橘子，我想拿回去送给母亲尝尝。"袁术见他小小年纪就懂得孝顺母亲，十分惊奇。陆绩成年后，博学多识，通晓天文、历算，曾作《浑天图》，注《易经》，撰写《太玄经注》。

扇枕温衾

冬月温衾暖，炎天扇枕凉。儿童知子职，知古一黄香。

　　黄香，东汉江夏安陆人，九岁丧母，事父极孝。酷夏时为父亲扇凉枕席；寒冬时用身体为父亲温暖被褥。少年时即博通经典，文采飞扬，京师广泛流传"天下无双，江夏黄童"。著有《九宫赋》、《天子冠颂》等。

拾葚异器

黑葚奉萱闱，啼饥泪满衣。赤眉知孝顺，牛米赠君归。

　　蔡顺，少年丧父，事母甚孝。时值王莽之乱，又遇饥荒，柴米昂贵，只得拾桑葚母子充饥。一天，巧遇赤眉军，士兵厉声问道："为何把红色桑葚和黑色桑葚分装篓里？"蔡顺答道："黑色桑葚供老母食用，红色留自己吃。" 赤眉军怜悯其孝心，送他三斗白米一头牛，带回供奉母亲，以示敬意。

乳姑不怠

孝敬崔家妇，乳姑晨盥洗。此恩无以报，愿得子孙如。

崔山南，人称"山南"。崔山南的曾祖母长孙夫人，年事已高，牙齿脱落，祖母唐夫人十分孝顺，每天盥洗后，都上堂用自己的乳汁喂养婆婆，如此数年，长孙夫人不再吃其他饭食，身体依然健康。长孙夫人病重时，将全家大小召集在一起，说："我无以报答新妇之恩，但愿新妇的子孙媳妇也像她孝敬我一样孝敬她。"后来崔山南做了高官，果然像长孙夫人所嘱，孝敬祖母唐夫人。

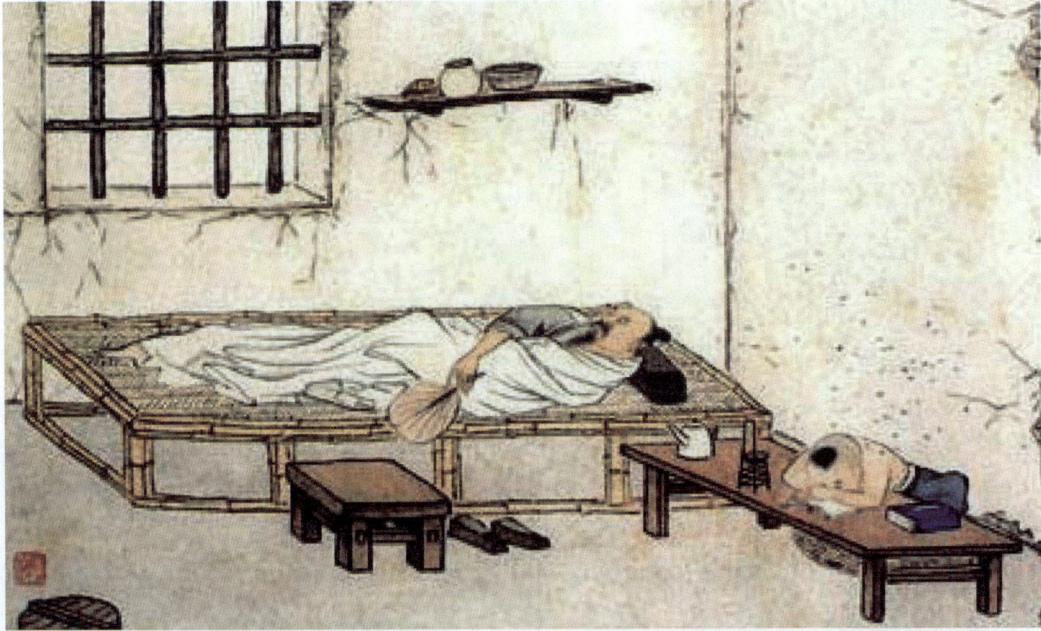

恣蚊饱血

夏夜无帷帐，蚊多不敢挥。恣渠膏血饱，免使入亲帏。

吴猛，八岁时就懂得孝敬父母。家里贫穷，没有蚊帐，蚊虫叮咬使父亲不能安睡。每到夏夜，吴猛总是赤身坐在父亲床前，任蚊虫叮咬而不驱赶，担心蚊虫离开自己去叮咬父亲。

扼虎救父

深山逢白虎，努力搏腥风。父子俱无恙，脱离馋口中。

　　杨香，晋朝人。十四岁时随父亲到田间割稻，忽然跑来一只猛虎，把父亲扑倒叼走，杨香手无寸铁，为救父亲，全然不顾自己的安危，急忙跳上前，用尽全身气力扼住猛虎的咽喉。猛虎终于放下父亲跑掉了。

弃官寻母

七岁生离母，参商五十年。一朝相见面，喜气动皇天。

朱寿昌，七岁时，生母刘氏被嫡母（父亲的正妻）嫉妒，不得不改嫁他人，五十年母子音信不通。神宗时，朱寿昌在朝做官，行四方寻找生母，得到线索后，决心弃官到陕西寻找生母，发誓不见母亲永不返回。终于在陕州遇到生母和两个弟弟，母子欢聚，一起返回，这时母亲已经七十多岁了。

涤亲溺器

贵显闻天下，平生孝事亲。亲自涤溺器，不用婢妾人。

　　黄庭坚，北宋分宁（今江西修水）人，著名诗人、书法家。他居高位，侍奉母亲却竭尽孝诚，每天晚上，都亲自为母亲洗涤马桶，没有一天忘记儿子应尽的职责。

德 孝 佳 句

父母恩重，厚德载天。

延年益寿，德孝双全。

积善成德，品似芝兰。

德高望重，学富师严。

老当益壮，父母仁贤。

儿孙心孝，父母康健。

老寿无期，恩德无边。

见利思义，饮水思泉。

忠孝子女，堪为家珍。

以德育人，天下归心。

盛世德治，行孝国人。

家有孝子，国有忠臣。

忠孝双全，社稷永存。

忠孝联语

九九重阳为父母祝寿语

忠孝传家久，诗书济世长。

大德无量寿，仁孝有洪福。

心宽多益寿，德厚自延年。

寿同山河久，福共海天长。

仁孝行天下，福寿贺康宁。

福似东海阔，寿比南山高。

儿孙念母恩，祝寿喜天心。

尽孝于父母，庭室自幽香。

大道应天运，孝悌是人伦。

添父母之寿，聚民族之魂。

子孝双亲福，家和万事兴。

事亲顺意为孝，恩奉敬老是德。

行孝感天动地，做人气贯乾坤。

祝寿美德千古颂，孝心善举万年存。

德高望重人长寿，孝顺贤惠家业兴。

松心柏节至晚翠，童心鹤发胜当年。

君子万事能如意，忠孝千载颂芳名。

正气丹心多孝子，忠贞丈夫好男儿。

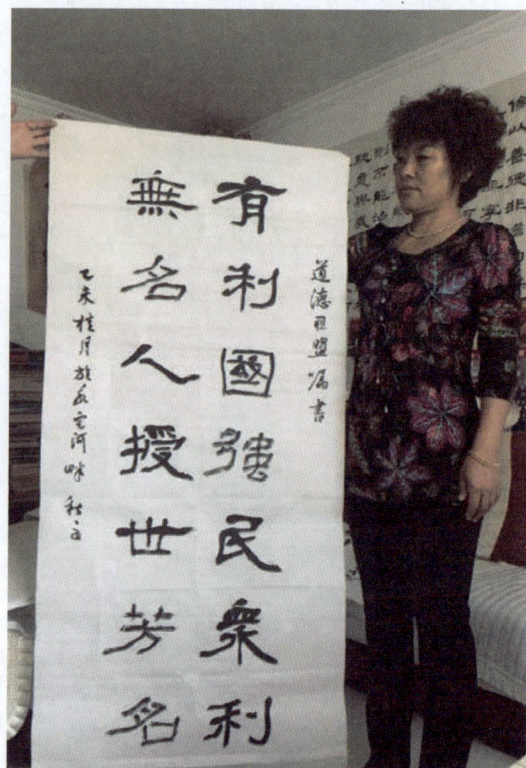

有利国强民众利，无名人授世芳名。

《弟子规》选句

首孝悌，次谨信。

　　首先是孝敬父母、友爱兄弟姊妹，其次是谨言慎行、信守承诺。

泛爱众，而亲仁。

　　博爱大众，亲近有仁德的人。

父母呼，应勿缓。父母命，行勿懒。

　　如果父母呼唤自己，应该及时应答，不要故意拖延迟缓；如果父母交代自己去做事情，应该立刻动身去做，不要故意拖延或推辞偷懒。

父母教，须敬听。父母责，须顺承。

　　父母教诲自己的时候，态度应该恭敬，并仔细聆听父母的话；父母批评和责备自己的时候，不管自己认为父母批评的是对是错，面对父母的批评都应该态度恭顺，不要当面顶撞。

出必告，反必面，居有常，业无变。

　　出门前，应该告诉父母自己的去向，免得父母找不到自己，担忧记挂；回到家，应该先当面见一下父母，报个平安；虽然子女有出息，父母会高兴，但是父母辈对子女最大的期望不是你多么有出息，而是你平平安安稳稳当当，一生没有灾殃。所以，居住的地方尽量固定，不要经常搬家，谋生的工作也不要经常更换。

亲所好，力为具，亲所恶，谨为去。

　　父母喜欢的事情，应该尽力去做；父母厌恶的事情，应该小心谨慎不要去做。

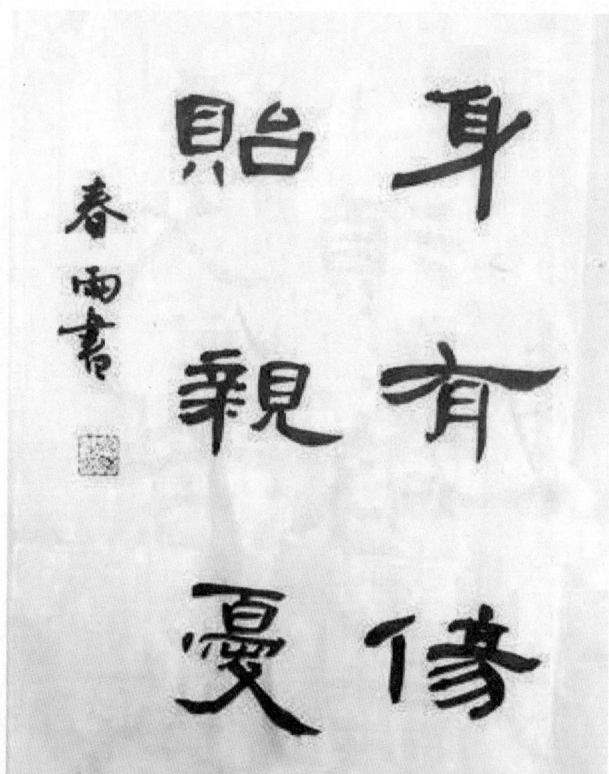

身有伤，贻亲忧，德有伤，贻亲羞。

　　自己的身体受到伤害，必然会引起父母忧虑。所以，应该尽量爱惜自己的身体，不要让自己受到不必要的伤害。自己的名声德行受损，必然会令父母蒙羞受辱。所以，应该谨言慎行，不要让自己的名声和德行无端受损，更不要去做那种伤风败俗，自污名声，自贱德行的事情。

亲有过，谏使更，怡吾色，柔吾声。

如果自己认为父母有过错，应该努力劝导父母改过向善，以免父母铸成更大的错误，使父母陷于不义的境地；不过要注意方法，劝导时应该和颜悦色、态度诚恳，说话的时候应该语气轻柔。

谏不入，悦复谏。

如果自己劝解的时候，父母听不进去，不要强劝，应该等父母高兴的时候再规劝，别跟父母顶真，徒惹父母生气，还达不到规劝的效果。

亲有疾，　药先尝，昼夜侍，不离床。

父母亲生病时，要替父母先尝药的冷热和安全；应该尽力昼夜服侍，一时不离开父母床前；

丧尽礼，祭尽诚，事死者，如事生。

办理父母的丧事要合乎礼节，不可铺张浪费；祭奠父母要诚心诚意；对待去世的父母，要像生前一样恭敬。

兄道友，弟道恭，兄弟睦，孝在中。

兄长要友爱弟妹，弟妹要恭敬兄长；兄弟姊妹能和睦相处，父母自然欢喜，孝道就在其中了。

唯德学，唯才艺，不如人，当自砺。

只有品德学识才能技艺不如别人，应当自我激励，自我磨砺，自我提高。

凡是人，皆须爱，天同覆，地同载。

凡是人类，皆须相亲相爱；因为同顶一片天，同住地球上。

不力行，但学文，长浮华，成何人。

不能身体力行入则孝、出则悌、谨而信、泛爱众、而亲仁，纵有知识，也只是增长自己华而不实的习气，变成一个不切实际的人。

著名书法家，博导欧阳中石老先生为学生（**秋雨、天雨、春雨**）指导书法

慈 母 赋

白日昭昭兮母之懿德，黄河滔滔兮母之源溯。春晖灿灿兮母之恩慈，寰宇浩浩兮母之气度。

吾母持家，条理清楚。昼夜操劳，勤拾家务。衫履经年，细心缝补。儿女衣着，洁新如故。精制三餐，烹调荤素。家有慈母，绝无后顾。

吾母德馨，邻里和睦。待人诚恳，举止贤淑。不贪小利，高洁风骨。不言闲语，宽容大度。侍奉双亲，心怀敬慕。事顺亲意，美名远布。

吾母恩泽，儿记肺腑。幼时家贫，迁居多处。母食咸菜，儿吮母乳。隔绝侵害，分秒守护。儿睡干棉，母卧湿褥。严冬取火，烤儿贴身袄裤。盛夏摇扇，防儿体弱中暑。惜子年少，忧儿不解日课。爱子情深，伴儿用功夜读。儿女未归，门前踱步。为儿送伞，风雨无阻。儿受天灾，悲痛难诉。求医喂药，连夜未宿。日愈消瘦，心如火煮。儿女体壮，慈母心舒。盼子成才，甘愿为仆。生活点滴，挚爱流露。无悔奉献，莫若慈母。

吾母辛勤，半生劳碌。艰苦创业，面朝黄土。积劳成疾，老病难除。暗自含泪，痛楚难述。不求名医，野草药敷。

吾母雅趣，心系诗书。志虽未伸，神有所属。游山览景兮不忘习读，赏画练字兮文脉耳濡，养花种草兮清香盈户，教子专攻兮一技纯熟。

吾母教诲，德育为主。音容和蔼，春风润物。授精忠兮有如岳母，传孝悌兮乌雏反哺。口传身教，扬帆正途。

噫唏！甘载时光，如梭飞速。母鬓斑白，渐成老妇。恩随日深，报以勤读。儿女进取，慰藉慈母。姐弟互辅，华章再谱。慈爱无疆，繁花锦簇。力尽忠孝，国人敬肃。

弘扬大爱兮以正风俗，慈母万千兮英杰辈出，忠孝两全兮国魂风度，孝行天下兮人类进步。

秋雨

慈母赋局部

孝 道 赋

　　吾常闻德母在世，表言行而感召四海，发情操泽育万民。周重以律己，轻约而待邻。实有德且高尚，正不善而怜人。形喜悦于外色，坚心志存己身。劳昼夜之辛苦，俭周遭好予人。识兰蕙之发源，从古圣之情真。观前人之备述，然孝道更思深。

　　十月化孕，历有三季，朝惮暮慎，勿伤其身。娠娠之际，尚得弥留，惟子降世，宁称苦辛。襁褓羸弱，嗷嗷待哺，夺己之食，爱儿之身。长而学语，次又行人，渐为儿童，进学簧文。日累三餐，勿至厌烦，冬寒夏暖，莫使衣单。穷勿使穷，富励志坚。教子成人，及至弱冠。芳名入仕，迁而居远。朝夕恋儿，情切日深，原何不召？曰"勿扰儿"。旦待子归，苦思于餐。缤纷于宴，列鐏于前。知儿如意，载笑载言，闻子疾苦，泪溢涟涟。

　　噫！享母爱之无尽，感肺腑于无言。念生命之赐予，知大爱于陈前。思孝道应何存，倾心力睦人伦。

　　时业兴而国昌，助学且免农。扶鳏寡崇尊老，护孩童启懵懂。美环境保医疗，资贫困入安康。传贤道提素质，全公共使民殷。访中国之为民，安如人母而爱子乎？

　　呜呼！察古今之美贤，奉孝道为其准。吾虽愚鄙，亦知孝之为人德，尽心焉耳矣！今弄文执笔，所思者，惟颂母之爱，述子之孝者也。期左右之览者，有所感于心，行于表而已！

天雨

孝道赋局部

少年必读三字歌

立志篇

少年强，中国强。立大志，做栋梁。生我才，为兴邦。爱祖国，爱家乡。为人民，忠于党。专学业，品高尚。中国梦，且莫忘。①树伟业，道远长。兴道德，国运昌。幼立志 ，世无双。

【注释】自古至今，人无志不立，做大事就要立大志，有崇高的理想，从小学就志存高远，为振兴中华的伟业而学，即可成国家的栋梁之材。

孝道篇

为人子，孝第一。父母恩，应牢记。行忠孝，扬正气。亲师友，习礼仪。明人伦，志不移。兴五常①，正法纪。仰高洁，弃俗鄙。见人贤，即思齐。

【注释】五常：常是不变的意思，五条做人的准则。"仁、义、礼、智、信，"可以简要理解为：仁是宽厚义是正直，礼是谦让，智是才能，信是诚实。这些虽是传统的道德理念，但今天仍有现实意义。

修养篇

人正直，性率然。不欺心，不诳言。能宽容，求和善。严责己，待人宽。日三省①，勇向前。过能改，善大焉。德报德，直报怨②。不嫉妒，不求贪。非淡泊，难致远③。明礼义，记圣言。伸大志，读名篇。富才学，耀人间。

【注释】①三省：即吾日三省吾身，为人谋而不忠乎？与朋友交而不信乎？传不习乎？是中国古代儒家的一种修养方法，现在仍有现实意义。②孔子主张要用恩德来报答恩德，用正直来报答怨恨。③武侯 诫子书中"静以修身，俭以养德，非淡泊无以明志，非宁静无以致远"，不追求功名利禄。

劝学篇

人不学，不知义。攻学业，戏无益。幼发奋，读书籍。口儿诵，心牢记。能吟诗，人称奇。不如人，当自励。学且勤，宜努力。

昔仲尼，师项橐。古圣贤，苦自学。有囊萤，有映雪①。成大器，琢后磨。尊师教，善改错。知刻苦，学最乐。家虽贫，学不辍。学与思，相交错。成于勤，败于惰。求知识，当虚心。入太庙，每事问。有余力，则学文。增素质，学做人。学经典，长精神。德可仰，圣贤心。

【注释】①晋朝车胤家贫夜里无灯，就捉萤火虫装在纱袋里照明读书。孙康也是穷得连灯都没有，他借着大雪的反光读书，学不停止终成大才。

我上高中时，父母要求自己立大志，讲修养，学做人，努力学习。试以三字歌形式表达自己的思想志向。

诠释"三守"精神

　　守时、守约、守信，这六个字中有三个守字。咱们先弄明白守字是什么意思："守"字上边是个宝盖，表示房屋、官府，下边是个寸字，表示分寸、法度，合在一起表示职责、职守，引申为守法、守则、遵守。知道了守的本义，那么"守时"是什么含义呢？杨建潭先生说："一个人的青春是有限的。学生时期，时间是非常宝贵的，爱惜时间，抓住这珍贵的学习时期，一分一秒不浪费，把学习看做是自己的职责，就能学出好成绩。"

　　他盼着学生成才，成为国家栋梁。古人讲："劝君莫惜金缕衣，劝君惜取少年时。"纵观历代，凡是有成就的人，多是少年立志，"头悬梁，锥刺股"地刻苦学习，也只有这样才能学有所成。青少年一定要珍惜美好的时光，"尺璧非宝，寸阴是竞。"守时立志，守约做人。

　　学生有了守约的要求，就不会违背学校的各种规则，自觉地遵守纪律和国家的法规，就不会自由散漫，无所用心。如在学习上，就会约束限制自己，不浪费时间，这样才能成就大的志向。从小立大志，长大做大事。不能朝三暮四或一曝十寒，要下决心遵守自己的诺言，即是践约、守约，不达目的誓不罢休。当然，从广义上讲，守约还有更多的内涵。"约"字的本身是由乱绞系和勺组成的，"糸"表示缠束、捆绑。"勺"意为专注于一点，表示做一件事要有不可改变的决心，延伸在友谊方面的如：约会、约定、特约；延伸在品德方面的如节约、约言、盟约。可理解为做人应遵守的种种之约，故称守约。

　　守信，是要求学生从小学习做人，"信"字要先写立人，再加言字。中国字是有深刻含义的，讲信就得先做人，把人字立起来，然后说话，是言，不然就不是言了，表示人的言语要真实可信。关于"信"古人有不少名句，如"人无信不立。""不宝金玉，而忠信以为宝。"儒家经典仁、义、礼、智、信，信是五德之一。诚实守信是做人的基本要求。人而无信，不知其可也，所以把"信"放在学校学生中培养是百年大计，学生从小先学做人，这是主要的，其次才是知识。守信是高尚的品德，有这种美德的人，方可成就事业。社会主义核心价值观是治国之本，习总书记把诚信放在其中，可见是何等重要。教育学生守时、守约、守信，这样的教育是在进行德的教育；这样的教育，必出人才而不出蠢材！出英才而不出庸才！出德才而不出奴才！出干才而不出废才！我们的时代是人才、英才辈出的时代，是德才、干才兼备的时代，学校是摇篮，是孵化器，是德育教育的根基。

　　杨建潭先生以爱国爱民之心，捐助学校，首创在学校推广"三守"精神，实为落实社会主义核心价值观之善举。他把金钱和时间用在培养青少年身上，是在为国家培养优秀的接班人。他是爱国、爱民、爱校之楷模，是非常值得尊敬的。

　　谨书此文，诚表恭贺。

光文、秋雨、天雨书

两会即颂核心价值观

秋雨

新春佳节过，国事两会开。群贤献良策，谏言抒己怀。治世定纲要，为民做表率。复兴中国梦，扬清展雄才。为人民立命，讲友善和谐之大道。为世界太平，开平等民主之惠风，弘君子美德，树公正仁爱之信诚，扬天地正气，倡自由文明之从容。

社会主义核心价值观，乃治世之要诀，航行之塔灯。集中华治国安邦精髓，乃圣贤之灵魂，为政之准绳。"君子莫大乎与人为善"，华夏文化精神之命脉，大德无量，照临四方，经天纬地，百姓平章，光被四表，协和万邦。执行仁政，允恭克让。富国爱民之策，安邦治世之谋，莫贵乎核心价值观。

伟哉！承圣贤之训，纵观世界。遵循大道，扼浪俘涛。拨乱反正，友善列强。和谐义举，平定四方。大局稳定，民心所向。高瞻瞩远，惠农兴商。施布新政，民本不忘。国运复兴，圆梦荣昌。

善哉！核心价值观，兴国大动脉。"核心"促进和平；"核心"遏制战争；阻止霸权蔓延；阻止狂人逞凶；团结地球村民；走向富强文明；推进友善和谐；实现自由平等；遵循圣贤之道；五洲四海纵横；德政勋功卓著；迎来永久和平！

感　言

　　道德教育是学校、家庭和社会都应百倍关注的重大课题，如何让中华美德在我们伟大的民族中发扬光大，历久弥新，培养出一代胜过一代的人才，首先要靠德育。如今中国已经是全世界瞩目的强国，我们要想取得更大的胜利，实现中华民族的伟大复兴——中国梦，就要靠人才，"人才强国"是一项面对新时代的伟大战略。历史经验证明，任何事业的成功都离不开人才，这是一条颠扑不破的真理。

　　人才从哪里来？就在一亿五千万学子中。如何把人才培养出来，主要是靠学校，当然，家庭、社会都有责任。我觉得初中、高中和大学这十年是学习做人和立志的年龄，是人才资源培育最佳年龄段。

　　而人才培养最首要的是德育的培养，要让学生树立正确的人生观，懂得为谁学习，为什么学习。这本《德育必读》就是要解决这个根本的思想问题。从学习优秀的中华民族的传统文化入手，让学子们树立起远大的宏伟的人生目标，毋庸置疑，这是产生刻苦学习的动力源泉，是造就人才的基础。什么样的教育就能培养出什么素质的人才，未来就会出现什么样的社会。只有"改革人才培养模式，由应试教育向全面素质教育转变"才能培养出有理想、有担当、有智慧、有能力、有高尚品德的可靠接班人。

　　学校应该重视学生德育，不要把主要精力放在"应试"上，初中、高中提高道德素质教育可以说是迫在眉睫，不然我们培养出来的"人才"，很可能事与愿违，家长期望子女"成龙、成凤"的愿望就难以实现。

　　深圳一位80后的企业家，中国亲和力教育集团董事长杨建潭说："人生取得一定的成就之后，就会更多的思考人活着的使命和自身的价值，会想要做一辈子都愿意做而且不后悔，对人类、对社会、对地球有贡献的事情，而我就是在思考这个问题的时候找到了我的目标，创办传承中华民族优秀传统文化道德的中国游学会。"

　　他不仅这样说，同时也这样做了。他带领新一代企业家拜访井冈山，聆听红色培训课，追忆先辈足迹，捐助、关爱学校，赞助弱势群体，针砭商业道德缺失，率先垂范爱国、诚信、敬业、友善、和谐、文明之美德。他为落实社会主义核心价值观竭尽全力。

今又鼎力相助 90 后在校学生秋雨、天雨编著的《德育必读》中华美德校本教材出版并推广，足见他赤诚之心，急国家之所急，帮学校之所需，为国家培养德才兼备的学子而尽力。

这册校本教材给学生或者已工作的成年人学习都有好处，从内容看两位学生是用心学习了中华传统优秀文化，尤其是配以书法，学了会运用，写出了他们的心声，编出了他们的志向，对同龄人很有启发，值得一读。

京都闲人　光文记

以孝治家歌

——为全国掀起以孝治家群众活动作

修己谈教化，忠孝进家庭。春雷惊古邑，圆梦起鹏程。天公重抖擞，
正气入云峰。千家讲孝道，万户树文明。砥德教子女，节操作风鸣。
忠孝应垂范，友善睦邻风。和谐圣贤道，法制不放松。德治与法治，
相辅又相成。德治民为本，爱国应尽忠。敬业绩卓著，守信显准绳。
和谐价值观，千古一脉承。福惠黎民意，举国享太平。今朝步盛世，
懿德当歌咏。敦诗悦礼仪，造就孝家庭。全国行此举，打造孝道城。
利人且济世，忧国忠孝情。德风堪国宝，今朝望复兴。漫谈持家务，
子孙尽其能。切莫当小事，教育第一宗。牢记戒子语，行孝莫放松。
民族千百代，慈母育英雄。母爱称伟大，爱国在其中。天下行忠孝，
处处见孝行。笃志中国梦，华夏众心同。我辈当努力，教课学雷锋。
甘为人服务，俯首耕耘薮。赠书捐字画，义卖助黉童。居家扬孝道，
双亲露笑容。培养下一代，为民当用功。国学国之宝，素质家教恭。
服务于社会，有益于众生。传播孝道事，余乐尽忠诚。

个人简介

秋雨，女，满族，1992 年出生于固安，2008 年中华诗词学会批准为会员，同年中国民间文艺家协会批准为会员，2011 年北京书法家协会批准为会员，2012 年中国书法家协会批准为会员是中国书法家协会最小年龄的会员、2012 年北京中韩书画家联谊会聘为理事，2014 年中国长城书画家协会聘为理事。

2009 年为庆祝中华人民共和国成立 60 周年书法作品被中华诗词协会收藏。

2009 年中国书法家协会"书法进万家活动"总结大会表彰秋雨为"先进个人"。

2009 年第四届北京 BTV 笔歌中国电视书法大赛荣获"三等奖"。

2010 年第五届北京电视书法大赛荣获"三等奖"。

2010 年参加第 26 届中日友好少年少女书道交流会。《少年学书法》作为礼品赠日本代表。

2011 年第六届北京书法电视大赛荣获"一等奖"决赛获"成人组铜奖"。

2011 年北京第十五届书法篆刻精品展入展。

2011 年结业于中国艺术研究院——书法院。

2012 年第四届北京国际书法双年展入展。

2012 年中国书法家协会主办的全国第三届隶书展入展。

2012 年中国书法家协会主办的全国第五届妇女书法展入展。

2012 年中国书法家协会主办的中华龙文化全国书法大赛入展。

2012 年中国作家协会主管的《中华辞赋》刊发表秋雨的"慈母赋"并加编者按"年纪虽小，书法、辞赋作品则以展现出相当的才华和艺术魅力，显示作者所具可堪造就的广阔前景。"

2013 年中国书法家协会主办的第七届全国书法新人新作展入展。

2013 年中国书法家协会主办的全国首届书法小品展入展。

2013 年中国书法家协会主办的全国第三届草书作品展入展。

2013 年中华诗词学会、中国楹联学会、中国书法家协会、中华辞赋联合主办的《三沙赋》全球华人诗赋征文大赛中作品荣获优秀奖。

2013 年著《少年学书法》校本教材一册。

2013 年参加北京第七届电视书法大赛获一等奖，决赛获银奖。

2013 年五年义务教书法，为书法进课堂编写校本教材，赠书、赠字。为此河北省精神文明建设委员会授予秋雨"河北省优秀志愿者荣誉称号"。

2014 年中国言实出版社出版《少年学书法》一册。

2014 年中央数字电视书画频道首届北京电视书画大赛成人组荣获一等奖，决赛获特等奖。

2015 年北京联合出版公司出版《秋雨天雨诗书赋选》一册。

2015 年 3 月 3 日，中央数字电视书画频道举办"上巳感怀"活动，应邀书写《上巳感怀赋》，并得著名朗诵家朗诵。

2015 年入展"太极杯"全国书画大赛。

2015 年获全国道德文化公益联盟、中国管理科学研究院人才研究所命名"创建道德文化形象大使"称号，并颁发"特别贡献奖"。

诗词、文赋、书法多次发表在国家级刊物并获得温总理亲笔来信高度赞誉。

中国书协主席张海和副主席胡抗美亲自为她题写书名

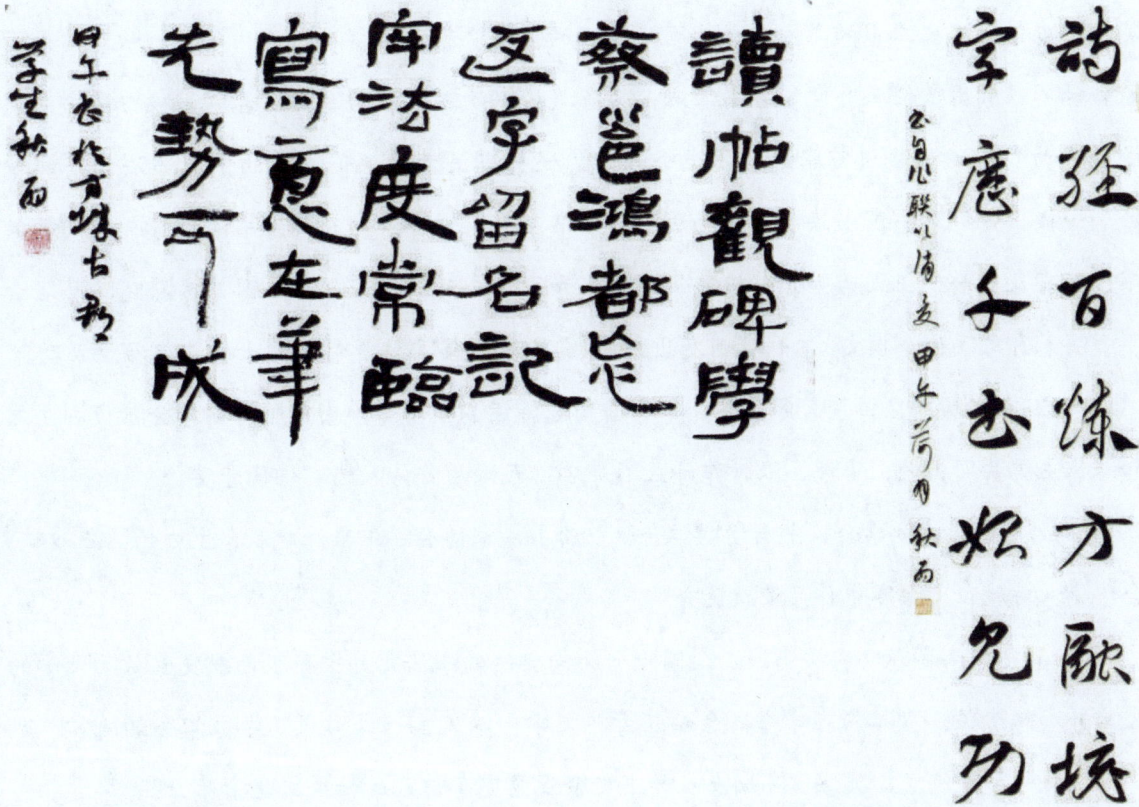

天雨，男，满族，1994年出生于固安，2009年中华诗词学会批准他为会员年仅15岁、2012年北京中韩书画家联谊会发展为会员、2013年中国民间文艺家协会批准为会员。多次在报纸、诗集、杂志上发表文章、诗作、辞赋，其代表作品《金鱼赋》《孝道赋》《仰山集序》《书论》等，得到了老一辈辞赋家的高度评价，并得到温家宝总理亲笔书"看到你们小小年纪，有如此文学书法功底，心中喜悦，愿你们刻苦努力，成就大才"由衷赞誉。

他酷爱书法艺术，从2009年开始先后在英才中学、苏桥中学、朱村小学、教师培训学校等处义务教书法、馈赠书法教材。春节时义务写春联赠给光荣院和乡亲。2009年中国书协书法进万家总结大会特约他参加。中国书法家协会分党组书记赵长青亲自为他题写了"天雨艺苑"匾额。

2010年中华人民共和国文化部副部长王文章看过秋雨、天雨合写的文章给予批示让刊登在《中华文化画报》，并加编者按："河北廊坊固安的小书法家秋雨、天雨姐弟俩，是固安英才园中学、固安二中的学生，也是远近闻名的小书法家和小诗人。近两年来，秋雨、天雨姐弟俩不仅利用节假日时间举办书法班，义务教授书法，义务为乡邻写春联，被中国书法家协会评为'中国书法进万家活动先进个人'，还一直关注着他们喜爱的中国书法的前途命运……提出他们对中国书法教育的看法。当今书法界人才济济，而关注书法教育普及问题的不知能有几人……正因为如此，姐弟俩的真诚和热情打动了很多人，中国艺术研究院著名青年书法家肖文飞应声撰文。本刊特刊发此文，以期引起更多书法界有识之士的共鸣乃至互动。"

2013年廊坊地区诗词大赛各县、市、区均选诗词高手参赛，由中华诗词学会三位副主席和一位主编共同出题、审评、限时作诗且不署名。天雨两首诗入选，得优秀奖。

2013年中华诗词学会、中国楹联学会、中国书法家协会、中华辞赋联合主办的《三沙赋》全球华人诗赋征文大赛中作品荣获优秀奖。

2013年河南省《青少年书法》全国唯一面向少年的书法月刊少年版连载发表秋雨天雨的文章并加编者按："二人在学书之余钻研古典文学，以文言形式写成《学书四字韵语》。我们以连载的形式编发，提醒少年朋友在学书之余注意完善自己的传统文化素养。"

2013年书法作品入选入编《中国城市年鉴》"中国城市艺术家风采"专栏。

2009—2014 年为落实教育部书法进课堂的指示，他与姐姐秋雨合写《少年学书法》校本教材一至四册，2014 年与姐姐秋雨共同出版《秋雨天雨诗书赋选》一册。中国书协主席张海和副主席胡亢美亲自为他们题写书名。

2015 年获全国道德文化公益联盟、中国管理科学研究院人才研究所命名"创建道德文化形象大使"称号。

代表诗作有

《仰山集序诗》

兰亭一序韵悠扬，激荡文坛翰墨香。

透乐松间春有忆，酬杯水曲慨无伤。

簪花圣代承前意，入梦仰山舞大章。

上巳于斯千载过，时人犹自品茗芳。

《观胡亢美老师诗词书法后有感》

学书寒数过，仍未面东风。

微著尚不识，性情安可生。

贤师言教诲，满纸墨云崩。

字字珠玑语，张张夷险横。

古绳随墨意，精笔历鹏程。

言雅得其柄，词清霞霁蒸。

云诗驱走马，作赋饷春耕。

一至于斯境，秋深霜后枫。

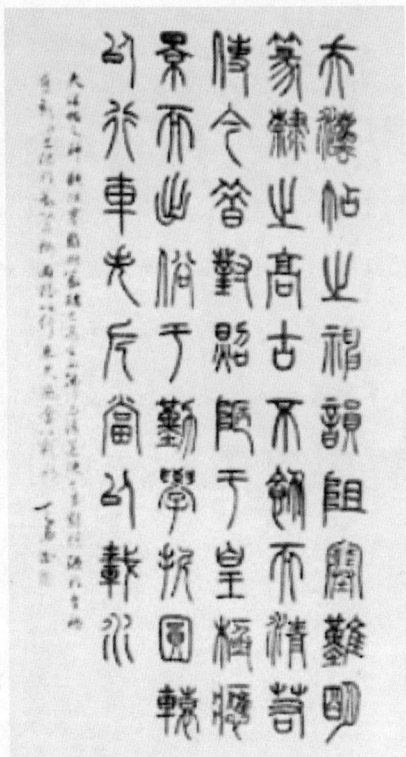

赵光文简历

　　赵光文，满族，自幼喜好诗词书画，六岁习书，书法师从王遐举、肖劳，国画师从董寿平等老先生。88年入中华诗词学会，曾主编《首都市花诗书画集》，此书为北京全国第二届市花花展礼品书。现为中韩书画家联谊会顾问，中国书画家联谊会理事、中国长城书画家协会会员。四十余年潜心研究书画，博览历代名家书论、名帖，教书法多年，对幼儿书法教育、中学生书法教育、老年书法教育，有独到的论述与见解，"由技进道法"是他教书法的独创，注重真才实学的培养，他的教学之道不仅易见成效，更为学生日后自学发展打下良好基础。他教的学生秋雨、天雨取得了较突出的成就，成为当今诗赋和书坛俊秀。

后　记

　　有人不解地问："为什么要编《德育必读　每日一句》这么一本校本教材？"

　　这还得从我们上初中和高中时说起。那时父亲让我们学习写毛笔字，说："作字先作人，人奇字亦古。"当时一点也不理解，学生写字与做人有什么关系？父亲举例说："云南大学高才生马加爵，缺德者马加爵，残忍地杀害了四个同学，同时也葬送了自己。这是多么沉痛的教训。"

　　学生在学校要学写字，但必须先学做人，不然高才而无德，很可能是个危险分子。父亲说"人无德必亡其身，家无德必亡其家，国无德必亡其国，学校缺少德育，培养出的人缺少道德，那不是人才，而是国家的祸灾。"他主张德育从小学生抓起，要从小学习做人，做好人，做好事，必先学习优秀的传统美德。现在我们二十多岁弄懂了古人讲的"德胜才谓之君子，才胜德谓之小人"的道理。

　　把学习的内容集成这本小册子，又学越觉得道德教育的重要而且是个重大课题，也事关国家兴亡，子孙万代的传承。

　　不让道德缺失，不让道德水准在我们国家滑坡，从在校生抓起。每日一句，由老师讲一讲，学生背一背，口传心授，师为示范，让德育成为全国最为重要的教育。家庭、学校、社会共同抓住这最根本的教育，育人立德，立德治校，为国家培养德才兼备的人才，使国家强盛，党明业兴，这是我们编写《德育必读，每日一句》这校本教材的初衷。